みんな元気かぁ〜〜い?

JAGUAR直筆サイン

前口上

アッ！　遠い宇宙から、金色に輝く物体がすっごい速度で地球に近づいています！　夜空は太陽のように輝いています！　ア～ッ！　その物体が地球のほうを見てニヤリと笑い両手を上げて叫びました～！

「ＨＥＬＬＯ ＪＡＧＵＡＲで～～す！！！！　ミンナァ ゲンキカァ～～イ!?!?」

声は耳をつんざき！　雷鳴のごとく全地球上に響きわたりましたァ！　そしてジャガーが空から、舞い降りて来ました！　千葉県民６００万人の大観衆は総立ちで、大地を震えさせるような大歓声！

ア～ッ！　ジャガーが軽くジャンプしました！　アッと言う間に１００メートルの上空で金色に輝くジャガーマントを翻して飛んでいま～す!!　ア～ッ、海中に飛び込みました～！　ワァ～ッ！　浮かび上がりました～！　なんと！　ニヤッと笑ってます！　口にはサザエを１００個くらいくわえております！　両手には、アワビを２００個ほど!!　アッ、いきなり海上に飛び上がりました！　そして口中、両手、の貝、数百個を空中に放り投げ、そのすべての貝が、チョウのように、空中を舞い始めましたァ～！

「ワッハッハ、、ＪＡＧＵＡＲ星の海では、貝は空を飛んでいるのジャ」

ＪＡＧＵＡＲ星とは、なんとフシギな星なんでしょうか!!

「ＪＡＧＵＡＲ星でジャガーは物体！〝道ばたの石っころ〟みたいなモノなのジャガ！　♪Like a Rolling Stone　ワァッハッハ」

そう言うとジャガーは、今度は金色のクジラに乗って、カウボーイの二丁拳銃のようにギターを構えました！　そして、ワ～ッ！　そのギターを１本、東京湾観音の観音サマに渡しました！　ジャガーと一緒にロックショウ！

「♪バカァ～　♪気をツケロ～～　♪どこを見てヤガル～～」

二人一緒に金色のクジラに乗って、空に飛び上がります！　ワァ～オ～～！　そして、また海に飛び込みましたァ～！　海中をものすごい勢いで泳ぎ、房総半島をぐるりと回って鴨川へ！　鴨川シーワールドのトドを抱きかかえ、再び空高くジャンプ!!　消えてしまいました!!　ジャガーと、トドくんは、いったいどこに行ってしまったんでしょうか!?

ア〜〜ッ!! 成田空港にチョ〜〜巨大な飛行物が!! ジャンボジェット機？？ いや、違う！ 宇宙船、ＪＡＧＵＡＲ号です！ ジャガーと、トドくんが降りてきて、滑走路に仁王立ちです!! ワァ〜!! そして、ジャガーはハーモニカとギターを持って、歩いてノコギリ山の洞窟に向かいました！ こちらを振り向き、ニヤリと笑っています！

「ニューアルバムの仕上げなのジャァ！ ♪だまァッてェ ♪ＪＡＧＵＡＲに ♪ちゃんと ♪ついて ♪こ〜い！」

ここはノコギリ山の山頂の洞窟！ ようやくジャガーの秘密基地に到着しました！

「ジャガーは洞窟で、仙人暮らし、てなモンで、下界のことにはチョ〜〜うとい、のデェ〜〜ス！ ワァッハッハ」

すると、ある千葉県民が尋ねました。

「違う、違う。聞きたいのはそんなことじゃないよ。ジャガーはどうして地球の、それも千葉に来たの？」

「それを、ちゃんと話すとなると、長くなるからナァ〜〜〜〜〜〜」

「今日こそ教えておくれよ。自分たちはジャガーの子どもみたいなものだからサ」

「わかったヨ、わかったヨ。今日はみんなのために、地球でこれまでにあった出来事を、話すとするのジャガ。その代わり、約束してくれ。悲しくなっても、もう、、泣かないで、、明日に向かって、夢を持って、生きていくんだぞ〜〜！ 今夜もジャガーが空から、やさし〜〜く、見守ってますヨ〜〜ッ！」

「じゃあ、最初に地球に来たときの話から教えて」

ジャガーはその子のおでこに軽くキスをして、瞳をジッと見すえた！ そして話し始めた！

「いまだ薄暗い水平線の彼方に、銀色に輝く物体が見えます！ ア〜〜ッ!! 空が真っ赤な太陽のように輝き始めました！ 朝日でしょうか?? いや、違う、、朝が来るにはまだ早すぎる！ では、あれはいったい、、!?」

目次

ジャガー自伝
みんな元気かぁ〜〜い?

写真
JAGUARオフィス
ブックデザイン
鈴木成一デザイン室

第一章 東京大空襲

その日は春先にもかかわらず、冬の空っ風が強く吹く夜だった。２４００㎞の彼方にあるマリアナ諸島から、この天気になる日を待ちわびていたアメリカ軍の爆撃機Ｂ－29が爆音を立てて東京に飛来する。その数、３２５機。

寝静まった東京に焼夷弾が投下され始めたのは、深夜0時から1時くらいだった。空襲警報が鳴り響く。外では人が往来し始める。寝ていたジャガーは叩き起こされ、母の背中におぶわれた。

１９４５年3月10日、東京大空襲。当時ジャガー、1歳。もちろん自分自身で覚えている記憶ではない。後年、両親や姉から聞かされた話だ。

その時、ジャガーは自分が生まれた家である、東京の北千住に両親と3人で暮らしていた。家の外に出ると、無数のＢ－29が空を覆い、銀色の機体がほんのり赤く反射している。そしてザルに小豆を入れたかのようなザーッという音とともに、焼夷弾の雨が降り注いできた。あっちにも火、こっちにも火。折からの強い空っ風によって、目の前の景色が徐々に炎に巻かれていく。

「防空壕では危ない」

そう父は言うと、母と背中のジャガーを連れ出して、荒川の向こうへと向かい始めた。あちらの空の色はまだ暗い。しかも西新井橋を渡ったところにジャガーの母方のおばあちゃんが営んでいる工場もある。ひとまずそこへ避難することにしたのだ。


通りへ出ると、リヤカーに家財道具を積んだ人、誰か付き添いはいるのだろうか、とぼとぼと一人で歩く腰の曲がったおばあちゃん、そしてジャガーと同じように母の背中におぶわれた赤ちゃんたちが、それこそ大きな川の流れのようになって、一路、西新井橋を目指していた。

ザーッという焼夷弾の音に混じって、時折ボンボンと遠くで高射砲の鳴る音がする。落ちてきた焼夷弾の炎は、所構わず周囲の燃えるものへと触手を伸ばし、その一角をたちまち火炎で塗りつぶしてしまう。

通りの両脇に立ち並ぶ木製電柱が、まるで松明のように燃え始めた。その中央に立たされた避難民は、炙り焼き状態になる。その炎は空気までをも焼き尽くし、強い上昇気流を生んで突風が、竜巻が吹き荒れる。火災旋風だ。我慢強く押し黙って橋を目指していた人々の間から、悲鳴が漏れ出てくるようになった。

熱い、熱い。周囲から聞こえてくる声の中、突然、ジャガーが泣き始めた。

母が首をひねって、背中におぶった我が子を見てみると、ジャガーを包んだねんねこ半纏に火がついていた。

「お父さん！　待って！」

雑踏の中、父を呼び止める母。父は人混みをかき分けて大河を逆流するように戻ってきて慌てて上着を脱ぎ、それで我が子を襲った悪魔をはたき落とそうとしたけれど、焼夷弾は油脂でできているためか、なかなか消火できない。ジャガーはついに火達磨になってしまった。

もうダメだ、もう死んでいる。母はそう思った。手に負えなくなった父は上着を振り回していた手を止めて周囲を見渡した。すると運良く、すぐそこの通りの脇に防火水槽があるのが視界に入り、そこへ一目散に走っていく。そして備え付けのバケツに水を汲んで戻ってきて、それを思いっきりジャガーと母にぶっかけた。本当に命拾いをした瞬間だ。

幼い頃の一家の写真。後列左から姉、父。
前列左から兄、ジャガー、母と弟。

その刹那、頭上で大きな音が破裂した。さっきからボンボンと撃っていた高射砲がついにB‐29に命中したのだ。またたく間に機体は5つに割れ、火災旋風に揉まれた大きな断片は、火を吹きながらくるくると回転して頭上に落ちてくる。自ら生み出した地獄の中へと落ちゆく絶望はいかばかりだろうか。そして荒川の漆黒の中へと消えていった。

目の前には「お化け煙突」と呼ばれた大きな千住火力発電所のシルエットが、赤く照らされた闇夜にくっきりと映し出されている。天を突き刺す4本の真っ黒い煙突。それはまるで地獄の伏魔殿――。

そう、ジャガーはその日、まさに地獄にいたのだ。

ジャガーの地球上での仮の名前は、村上牧彦《まきひこ》という。一番上に5歳上の姉、二番目に3歳上の兄、そしてまだこの時には生まれていないけど、四番目に3歳下の弟、そして五番目に5歳下の妹がいる。三番目が牧彦、つまりジャガーで、5人兄弟のちょうど真ん中になる。

東京大空襲の日、北千住に父と母とジャガーを残して、まだ幼い姉と兄は一足先に千葉の長浦へ疎開していた。

長浦は東京から見ると、東京湾を時計回りにぐるっと回り込み、千葉市も越えて木更津の手前くらいまで行ったところにある。今でこそ埋立地にでっかいコンビナートが林立しているけど、当時は背後には山、目の前には遠浅の海が広がる小さな漁村といった趣で、東京湾の海っぺりから山間の細かい谷筋に向かって、へばりつくようにしてポツポツと家屋が立ち並び、谷筋には山から流れ込んでくる清流が流れ、岩の裏にはサワガニが棲み着いている。長浦はそんな自然溢れる美しい町だった。

ジャガー一家は、セミがせわしなく鳴いている夏の間はそこの網元の別宅を借りて、潮干狩りをしたり、海水浴をしたりと避暑地として使っていた。ジャガーがまだハイハイ歩きのときに、庭の池に落っこちたというのも、この網元の別宅での話だ。

東京は日を重ねるごとに空襲が激しくなる一方だった。そこで両親は、先に姉と兄を疎開させて、あとから自分たちも荷物の整理をして引っ越す予定でいた。東京大空襲は、まさにその作業をしていた矢先の出来事だったという。姉の話によると、両親とジャガーはその数日後にススまみれの姿になって、唯一焼け残った我が家の財産、蓄音機のラッパの部分だけを抱えて長浦にやってきたらしい。

その蓄音機で音楽を聴いていたのは、おそらく父というよりも母だったのではないかと思う。

母、カヲルは音楽好きで東京生まれの都会っ子。10代の頃には松竹歌劇団（松竹少女歌劇学校）を受験して合格したそうだ。ところが母のおばあちゃん、つまりジャガーのひいおばあちゃんはそれに怒って、母のハイヒールをノコギリで切り落としてしまった。江戸時代生まれのひいおばあちゃんには、ハイカラで華やかな世界がどこかふしだらに見えていたのだろう。結局、母はミュージカル女優という夢を叶えられなかったけど、18歳で7歳上の父とめぐりあい、そして結婚する。

その時まだ25歳だった父は、北海道から上京してきて帝国美術学校（現・武蔵野美術大学）を卒業し、前衛画家として抽象画を描きながら新橋の帝国飛行協会にデザイナーとして勤めていた。父は本当にどんなときでも絵を描いていて、一年に一度、上野の美術館の展覧会に出展する作品の構想を、常に頭のどこかで考え続けているような人だった。

父は長浦に疎開したことを機に、帝国飛行協会を辞めて地元の長浦中学で美術兼数学教師の職を得ることになった。ちなみに父の名前は「馨」と書いて、読みは「カオル」。それが「カヲル」と結婚したのだから、うちに電報が届くと宛先が父と母のどちら宛てなのかよくわからなくて、いつもジャガーたちは困っていた。

こうしてジャガーが火達磨になってから約5カ月後、日本は終戦を迎える。戦後の我が家は、長浦から再び東京に戻り、中野坂上にあった母の友人宅に間借りして生活をするようになった。

基本的に華やかな都会好きである母にとって、山と海に囲まれた長浦の生活はひどく退屈だったようだ。そのせいで父ははるばる中野坂上から長浦の中学校まで、毎日長距離通勤をすることになってしまった。当時の総武線や内房線は今とはわけが違う。千葉までは線路が複線だったものの、千葉から先はまだ単線でしかも電化されていなかったので、蒸気機関車でノロノロと行くしかなかった。これは毎日相当な長旅だったはずだ。もっともその通勤時間を使って、父は絵の構想に集中できたのだろうとは思うけど……。

中野坂上の家には、母の弟である叔父さんがよく遊びに来てくれたらしい。叔父さんは英語が達者でGHQで働いていた。一時期、丹波哲郎が同じ職場にいたという。休みになるといつもアメリカのチョコレートを持ってきてくれるので、姉や兄はいつも叔父さんの来訪を心待ちにしていたそうだ。

そんなある夏の日に、ジャガーは家の近所でハチに刺されてしまう。これは自分自身が持っている一番古い記憶であり、ジャガーの曲の歌詞にもしている。

久しぶりにサ　お母さんのことをサ　思い出してサ
星から帰ってきたんだゼ〜ッ！
JAGUARが赤ん坊の頃にサ　お母さんに
おんぶされて　出かけたときに
中野の坂道で　JAGUARのサ
オシリをハチに刺されちゃったよネ　イェ〜〜
自転車に乗ってるお母さんってサ　すごくカッコ良かったよネ

髪の毛　長くしちゃってサ　すごく派手な格好だったよネ
イエ〜〜！

――『お母さん！』より

地面からも照り返してくるような、真夏の本当に暑い日だったのを覚えている。

そしてほどなく、ジャガーばかりか父までもが虫に刺されてしまう。蚊だ。そんなの別に痛くも痒くも……というわけではなく少しは痒いけど、ただの蚊に刺されただけと侮ってはいけない。

「お父さんがマラリアで入院したって」

家に届いたカヌル宛の電報を見て、青ざめた母は言った。

「お父さんどこにいるの？」

小学生の姉が不安そうな顔をして尋ねる。

「長浦の中学校で倒れたみたい。だけど長浦は大きな病院がないから木更津の病院に入ったんだって」

今では信じられないかもしれないけど、世の中が戦地からの復員兵で溢れていた当時、日本にはマラリアが蔓延していた。1946年のマラリア患者数は統計として出ているだけでも3万人近くもいたそうだ。南方の戦地から、体内にマラリア原虫を持って帰ってきた復員兵が多かったようで、蚊を媒介して広まったらしい。

翌日、父の病院まで家族で行くことになった。事の重大さがよくわかっていない幼いジャガーは、母に抱きかかえられながら、まずは自宅近くを走っているチンチン電車の都電杉並線に乗った。

青梅街道のなだらかな坂を下って新宿駅前へチンチン電車は向かう。右手方向は現在、高層ビルが林立している西新宿一帯。でも当時は広大な淀橋浄水場だった。歌舞伎町へつながる大ガード下の終点で降りると、周りには闇市が広がっていた。その人混みをかいくぐり、ジャガー一家はカルガモの親子のように一列になって新宿駅の中へと入る。上を見上げると、むき出しになった屋根の鉄骨など、空襲の爪痕が所々にまだ生々しく残っている。

大きなリュックサックを背負った買い出し客の群れに混じって、我が家4人も電車に乗り込む。足の踏み場もない混雑ぶりだ。そして焦げ茶色の電車は動き出して、荒川を越えるまで延々と灰色の焼け野原の中をひた走る。なんとも色彩に乏しいけれども、それが戦争が終わったばかりの東京の色合いだった。

一方、荒川から先は、青々とした田園が千葉の奥地までどこまでもどこまでも続いていて、戦争があったことさえも忘れてしまうような牧歌的な景色だ。電車もまだ当時は少なくて、蒸気機関車がたくさん走っていた。千葉駅で内房線に乗り換えてからは蒸気機関車だけになり、東京湾の干潟をかすめながら単線を一路ひたすら木更津へと向かう。お昼くらいに家を出たはずが、病院に着いた頃にはもう夕方近くになっていた。

あまりに遠い。それがきっと理由だったのだと思う。

「お家、引き払うことにしたわ」

あっさりと母はそう言って、本当に中野坂上の家を引き払ってしまった。かといって他に家などあるはずもなく、ジャガー一家はそのまま父の病院に住み着くことになったのだった。

しかし当のジャガーは、そんなおかしな事態を理解できるわけもなく、小さな家から大きな家になったことがただ単純にうれしかった。お医者さんも看護師さんも相部屋の患者さんも、みんな「坊や」と言ってかわいがってくれる。結局、母もマラリアに罹ってしまい、夫婦並んで病床に伏すことになってしまったのだけど、子どもたち3人は院内を探検したり、仲良しの患者さんのお見舞いをしたりして、楽しい日々を過ごしていた。

そんなある日、病気から回復しつつあった父が銭湯に行こうと言った。お風呂なんて久しぶりだ。歩いて数分のところにある銭湯の暖簾をくぐる。これはその時の記憶を歌にしたものだ。

お父さん！　しばらくぶりですよネ
素敵な油絵が描けましたか？
大好きなクジラのベーコン食べてましたか？
木更津のお風呂屋に連れてってもらって
お風呂場でスッテンコロリンしちゃったよネ

——『Lonely Planet Boy』より

浴場に入った途端、濡れた床に足を滑らせ、ジャガーは大の字になってひっくり返ってしまったのだ。腰を打って本当に痛かったことを記憶している。先ほど紹介したハチに刺されたエピソードもそうだけど、本当に人間は〝痛み〟というものをよく覚えているものだ。

さて、そんな楽しい病院暮らしをしていたジャガー一家だけど、さすがにいつまでも病院に住み続けるわけにはいかない。父は以前と変わらず長浦中学で美術と数学の教師をしていたので、結局、両親は長浦に居を構えることにした。

国鉄長浦駅から袖ケ浦方面に海沿いの国道を20分ほど歩いていくと、左手に一本の谷筋が山に向かって伸びている。我が家の新居はその中腹に新しく建てられた。坂道の途中にあるその家は回り廊下のついた平屋の一軒家で、後ろが山で前が庭、そしてその前には畑があった。その畑の半分はうちが借りていたはずだ。そこで父と一緒にじゃがいもを育てて、収穫の手伝いをした記憶がある。

新居の縁側に座ると、畑の向こうには雄大な東京湾が見える。本当に目と鼻の先の距離だ。父はこの景色が気に入って、ここに居を構えたのだろう。

　子どもたちもこの新しい家には大喜びで、いつも家の前の坂を下って海に行った。国道を横切り、わずかばかりの平地に広がる細い田んぼを突っ切ると内房線の線路が走っている。それを渡ると、そこはもう一面の大海原だ。

　そんな環境だったので、ジャガーを含めて兄弟一同、毎日水着を着て生活していた。海で泳いで寒くなってきたら国道のアスファルトに兄弟揃って寝転がり、イグアナのように冷えた身体を温めたものだ。国道とはいえ、当時はほとんど車も走っていなかったので、特に誰かから注意されることもなかった。ガタンゴトンという音がだんだん大きくなってきて、緑の絨毯のような田んぼの中を、煙を上げた蒸気機関車が通過していく。その背後に日が差し込んでキラキラと輝く遠浅の海。これがジャガーの原風景だ。

小学生の頃にはサ　富津で潮干狩りだったっけ
君津の駅から電車で　アサリをいっぱい持って帰ったよね
中学生の頃にはサ　鹿野山と鋸山で

左がジャガー、右は友達。海はジャガーの庭だった。

あなたの手を持ってあげて　頂上まで上ったでしょ
高校の夏休みに　二人で一緒に　館山の海水浴に行ったよね
帰りに勝山　保田　木更津の　海岸の散歩が楽しかったゼ
ファイト！　ファイト！　ちば！
夢を　たくさん　持って！

――『ファイト！ファイト！ちば！』より

第二章 長浦

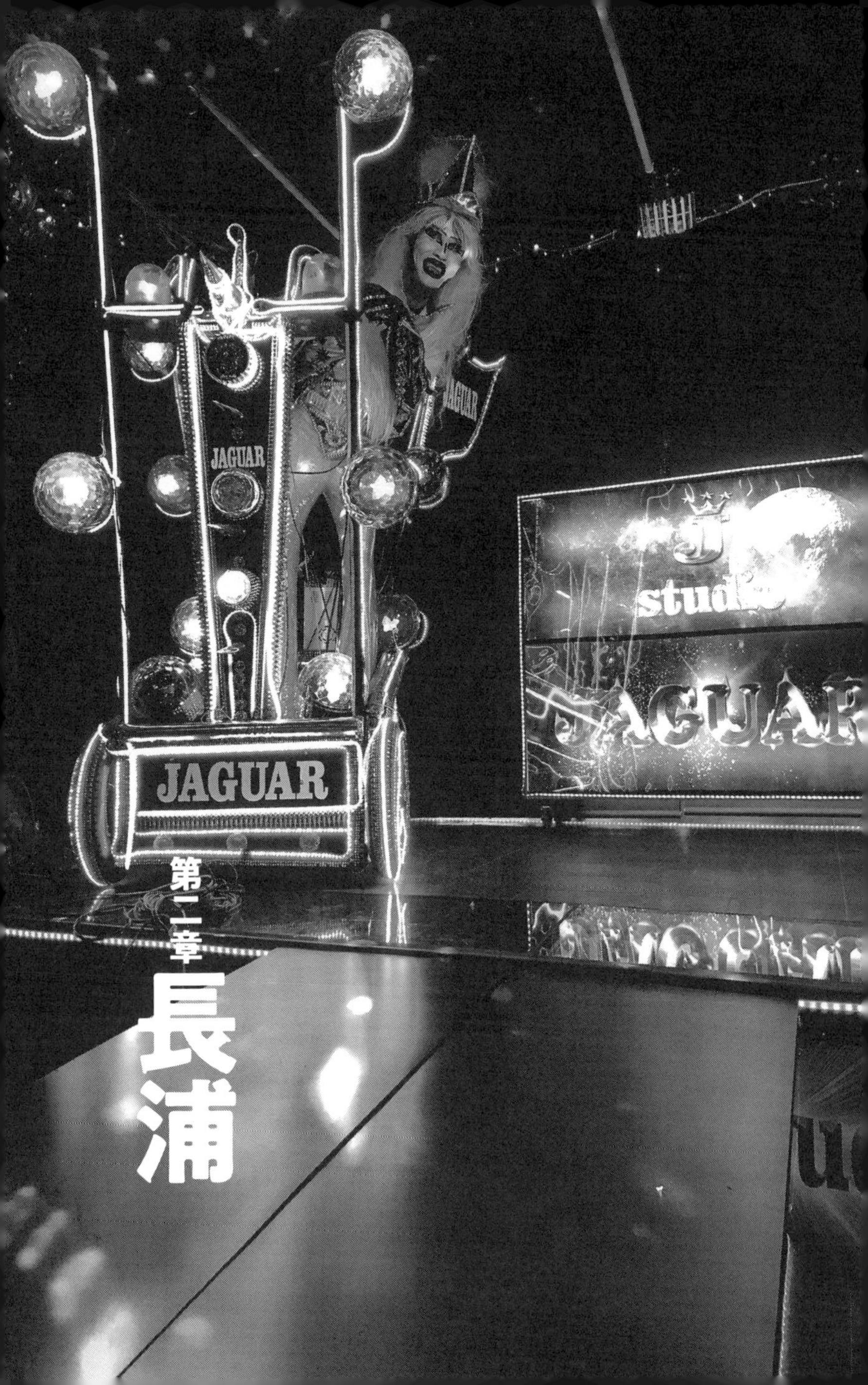

長浦に正式に居を構えるようになって、ほどなく弟が生まれた。そしてその2年後には妹も誕生する。

妹が生まれたのは、台風の日だった。強風に煽られた雨戸がガタガタと音を立て、産気づいた母のために父は慌てて自転車に乗って外に飛び出し、びしょ濡れになって産婆さんを呼んできた。

これから一大事を迎える母を怖がらせてはなるまいと幼心に思ったジャガーたちは、兄弟で手分けして雨戸を押さえて、音がなるだけ鳴らないようにした。まだたった2歳の弟も、短い手を精一杯伸ばして雨戸にしがみついている。

やがて強風は収まって、妹が生まれて赤ちゃんの泣き声が聞こえてきた。こうしてジャガー家はひとつ屋根に7人暮らしとなり、たいそう賑やかな生活になったわけだけど、そこにさらにもう一人新たなメンバーが加わることになった。「ねえや」である。

ねえやとは、今でいう家政婦さんのことだ。子育てに忙殺される母を助けるために来てくれるようになったけど、一家の大黒柱である父は公立中学の教員なので、決して給料は高くない。そもそも新築で家を建てられるほどのお金もなかったはずだ。ではいったい誰が、ねえやの給料と家のお金を払っていたのか？

答えは、母方のおばあちゃんだ。おばあちゃんにはお金があった。話は戦前にさかのぼる。ジャガーのおじいちゃんと結婚したおばあちゃんは、まず長女として母を、そしてその下に3人の弟たちを生んだ。しかしその後、訳あって離婚。4人の子どもを抱えたおばあちゃんは別の相手と再婚して、その人と夫婦で接着剤メーカーを起業することになった。それが荒川のほとりにあった、おばあちゃんの工場というわけだ。

特に木工用接着剤に強かったらしく、特許まで夫婦名義で持っていたらしい。戦時中の日本は特に金属不足に陥ったので、戦闘機などの武器をはじめ、木で作ろうとする動きがあった。多分、その莫大な需要によって財をなしたのだろう。

しかし、ジャガーの記憶の中にあるおばあちゃんの生活は、地味そのものだった。いっつも工場で手ぬぐいをかぶって粉で真っ白になり、本当によく働いていた。接着剤を配合する秘伝のレシピもおばあちゃんが考案し、そのレシピが鉛筆書きされたノートは誰にも、たとえ血縁者であっても見せてくれなかった。

そんなおばあちゃんに陰から支えられながら、ジャガーはすくすくと成長して、家から歩いて40分ほどのところにある長浦小学校に入学する。しかし、学校生活でのいい思い出は正直あまりない。性格的に攻撃されやすかったみたいで、クラスではいじめられがちな子どもだった。

かといって、そのせいでとてもさみしい思いをしたわけでもなく、家の前の田んぼが凍ったらそこで下駄を履いてスケートの真似事みたいなことをして遊んだり、山で栗や柿、あけびや桑の実を採って楽しく暮らしていた。しかも当時のジャガーはFEN（現AFN）という米軍のラジオ放送を聴くことに熱中した。そこからアメリカの最新の洋楽が流れてくる。見よう見まねでハーモニカやアコーディオンを触り出したのもこの頃だ。

母もよく洋楽のレコードを流して、それに合わせて歌ったりしていた。特に覚えているのはダイナ・ショアの『ボタンとリボン』。それを口ずさみながら、〝お嬢様〟である母は料理をするわけでもなく、ご飯はねえやや父がだいたい作っていた。

「僕は母さんから聞いたんですよ」

そう言っては、父は砕いたピーナッツの入ったなますをよく作ってくれた。父方のおばあちゃんがとても料理上手だったらしく、そんなおばあちゃんの味らしい。

すり鉢でピーナッツを擦ると、部屋はたちまち香ばしい香りに包まれる。そこにお酢とお砂糖を入れるのだけど、その瞬間を、ジャガーを含め、子どもたちはみんな心待ちにしていて、横でじーっと眺めている。当時は甘いものがなかなか手に入らなかったので、味見と称して、その甘酸っぱいピーナッツを指ですくって食べるのが何よりもの楽しみだったのだ。

そして大根と人参を塩で揉んで、そのピーナッツであえてできあがり。かりんとうやマヨネーズの作り方も父が教えてくれた。5人の我が子のためによくおやつを作ってくれた人だった。

そんなおやつの取り合いで子どもたちが喧嘩をすると、いつも決まって父はこう言った。

「こっちにいらっしゃい」

そしてそこに座るよう促され、兄弟揃って父の目の前で正座をする。

「君たちはこの広い世の中でたった5人しかいないんですよ。仲良くしなくてどうするんですか？」

「お父ちゃん、ごめんなさい」

兄弟で一斉に小さな土下座をする。

「わかりましたか？」

「はい、わかりました」

いつもこのパターンだった。子どもが5人もいるので、基本的にねえやだけでは喧嘩を止められない。そうすると最終的に父が入ってきて、「はい、君たちいらっしゃい。ここに座りなさい」と始まるのだ。


ただ、そこに母はいつもいなかった。

「お母さんは多分、東京でしょう」

父に聞いても、いつもそう答える。穏やかで無口な人なので、それ以外何も語らない。一方の母は、刺激的な都会が好きな人だったので、おばあちゃんにお金をもらって東京で映画とかを観ていたのかもしれない。なので、下の二人の保育園の出迎えなども全部ねえやがやっていた。ただ母の名誉のために言っておくと、たまに作ってくれるロールキャベツだけはとてもおいしくて、格別の味だった。

ジャガーの後ろはかつての長浦の街並み。
つげ義春の漫画『やなぎ屋主人』の舞台となる〝N浦〟とは、まさにここのこと。

その頃、学校がつまらなかったジャガーは工作に夢中になっていた。当時出ていた「模型とラジオ」という雑誌を読んでは、モーターなどの部品を買ってきて、はんだごてを使ってリモコンで動く模型をよく作っていた。

「何作ってるの?」

5歳下の妹が覗き込んでくる。

「戦車」

木の板を切り出して、戦車の形に成型する。そしてその箱の中にモーターとギアボックスを組み入れる。動力は乾電池だ。

「これでよしと」

電池をセットしてスイッチを入れる。そして自作の有線リモコンで動かしてみる。ウイーンという音を立てて戦車が動き出し、幼い弟と妹は目を丸くしてはしゃいでいる。

ラジオを聴きながらそういった工作をしているときが、自分にとって至福のときだった。チャンネルはいつもFENの米軍放送。そこからアメリカのポップスが流れてくる。そのせいなのかジャガーはその後もずっと基本的に洋楽しか聴かなくなってしまった。今でも電子工作や機械いじりが得意で、パソコンでも電気配線でも基本的に何でも全部自分で作ったり修理したりするけど、音楽活動も含めて、この時代に自分の原点があるのかもしれない。

一方、父もまた工作が好きな人だった。今でも覚えているのは影絵をたくさん作ってくれたことだ。近所の子どもたちばかりか、そのお母さんたちまで呼んで、今でいうワークショップみたいなことも自宅でやっていた。後年、影絵の本まで共著として出版している。

暖かい季節になると、庭に幻灯機を置いて芥川龍之介の『杜子春』などの影絵劇を披露してくれた。影絵ばかりか芋飴まで作ってくれるので、それはさながら小さな夏祭り会場のようだった。

父はなかなかのアイデアマンで、幻灯機の前に金魚鉢を置くと、庭先に広げられた真っ白なシーツが画面いっぱいに海中のようになる。その中を泳ぐ影絵の魚たち。暗闇の中に灯された温かい裸電球のもとで混じり合う、海の匂いと、緑の匂い。裏山から聞こえてくる虫の鳴き声に合わせるかのように頬をなでてくる、東京湾からの潮風がたまらなく心地よい。

そんな父が一番驚いてくれたジャガーによる工作は、中学時代に作った蒸気機関車の模型だ。かなり手の込んだものでボイラーに水を入れて、アルコールランプで火を焚くと、実際に蒸気の力で走り出す。そのメカを全部自分で設計したし、レールも自作したし、ボイラーはジュースの空き缶から作った。あの頃はまだスチール缶が主流だったので、はんだごてで空き缶に部品を取り付けることができたのだ。

「これはすごい」

父は喜んでパシャパシャと写真を撮ってくれた。カメラは父の趣味で、撮影をすると、いつも小さな弟と一緒に押し入れに入っては現像していたものだ。

その数週間後、父から一冊の雑誌を手渡された。開くと押し入れで現像された、ジャガーの蒸気機関車の写真が掲載されている。当時の父は教員の傍ら、芸術教育研究所というところから出ている教員向けの教育雑誌の編集にも携わっていたため、その縁で写真を載せてくれたようだ。

父の担当は子ども用の知育玩具のページだった。だから、よく自宅でマッチ箱などを使ってオモチャを作っては、それをジャガーら子どもたちに披露してくれた。ジャガーはそんな環境で育ったおかげで、創作意欲はますます湧いてくる一方だった。

蒸気機関車の次に手掛けた大物案件は、望遠鏡だ。幸いにも父はカメラに詳しいので、望遠鏡のレンズなどについて教えを請うことができて、試行錯誤の末についに完成させることができた。早速、庭に据え付けて、妹を呼んで覗かせる。

「わー！　すごーい！　あれ東京？」

「そうだよ。大きな鉄塔も見える？」

「うん、なんか作ってるやつが見える！」

「あれが東京タワーなんだよ」

今でこそ埋立地で見えなくなってしまったけれども、坂の上にあった長浦の我が家からは、東京湾越しに建設途中の東京タワーが見えた。竣工するのは１９５８年12月23日。３３３メートルのその高さは完成当時世界一であり、急速に普及しつつあったテレビ放送を関東全域でカバーするべく作られたアンテナ塔だった。

こうしてジャガーも含めて、日本全体が何かしらのモノを作り、それが〝戦後復興〟という名前を冠して新しい経済が回り始めた。当時はそんな時代だったのだ。

第三章

木更津

中学の頃のジャガーはそんな感じで、相変わらず自宅で工作ばかりしていた。一応部活はバレー部だったけど、大してうまくもないのでいつもコートの片隅に立って球拾いをしていた。

得意科目は数学だった。長浦中学校に進んだので、数学と美術の授業は父から教わることになった。父は黒板の板書がやたらと早い。というのも、父は右手でも左手でも書ける両利きで、チョークを持った両手を動かして黒板をスラスラと流れるように書くからだ。もちろん、父から指されたらジャガーはちゃんと生徒として答えていた。恥ずかしがってそれをしなかった姉に対して、

「家では父ちゃんだけど、学校では先生なんだから」

と、家に帰ってから叱っていたのを横で聞いたことがあったので、ジャガーなりにそこは気を配っていた。やがて父は長浦中学校から異動して木更津の巌根中学校で教鞭を執るようになる。

中学卒業後のジャガーは、木更津第一高校（現・木更津高校）へと進学して美術部に入る。２学年上の美術部の先輩に中尾彬がいたと、高校卒業後に聞いて驚いた。当時

はまるで知らなかったのだ。年に一度の文化祭に出展する絵のことにばかりに集中していたせいなのか、基本的に他人に関心のない高校生だったように思う。

その頃に熱中したものは、絵以外にも2つある。まずは小学生の頃からずっと続けている工作。蒸気機関車、望遠鏡と制覇していったジャガーは高校2年でついに内燃機関、つまりエンジンを積んだ車を実際に作ってみようと決意したのだ。

その構想を話すと、父はもちろん母も喜んでくれた。そして普段からあちこち出歩いているためか、やたら顔の広かった母は、木更津の自動車修理工場を紹介してくれた。そこは友人の工場らしい。けっこう広い工場で、加工に使える道具もふんだんにあった。

そしていつものように設計図を鉛筆で引いて、使用する材料を割り出す。深川に自動車のジャンクパーツを売っているところがあると聞き、知り合いにトラックを出してもらってエンジンをはじめ、必要なパーツを買ってきた。自慢ではないけど、ジャガーの成績はトップクラスでたびたび400人中1位になった。そのおかげで奨学金をもらっていたため、工作に充てられる多少のお金があったのだ。

そして学校帰りに工場に寄っては自動車作りをするという生活を半年ほど続けて、

ついにオート三輪「初代ＪＡＧＵＡＲ号」が完成する。ボディも自分で鈑金して叩き出したりと、全部一人で作り上げた。しかしナンバーは取得しなかったので、公道ではなく空き地を走らせるにとどまった。

また、絵と工作の傍ら、洋裁にも熱中するようになった。だんだんオシャレに気遣うようになる年頃だ。まずは自分のジーパンの補修から始めて、やがて工作と同じ要領で洋裁雑誌を買ってきて自分で型紙を起こし、なんとなく自分の服や制服を作り始めた。一番最初に作った服は、たしか学ラン詰襟の上下とか、ラッパズボンとかだった。ラッパズボンのほうは、ジャガーが洋裁に興味を持ったことを察知したのだろうか、母がいつの間にか買ってきてくれた白い天竺の生地で作った。

妹が横でそれを興味深そうに眺めている。ある時、彼女がテレビを観ながらまた
「私もあんなスタジャンほしいな」
とつぶやいていたので、
「じゃあ、作ってあげるよ」

高校2年のときに作った「初代JAGUAR号」。
これが数十年後にジャガウェイやジャガーバイクに進化する。

そう返事した。ジャガーと5歳下の妹は仲が良かった。歳も離れた末っ子だし、ジャガーを自慢の兄だと思ってくれているのだろうか、とてもよく懐いている。妹は美容院で髪を切ってくるたびに失敗したと言って、ジャガーに切り直してもらい、それでいつも機嫌を直していた。

早速、ジャンパー作りに取りかかる。特に材料は買わずに、有り物でなんとか間に合わせることにした。型紙を起こし、うちに転がっていた生地や、着なくなったセーターの徳利の部分を切り出して、ミシンで縫い合わせ、なんとなくスタジャンっぽく仕上げていった。サーモンピンクのサテン生地に、ブルーの袖口のヴィヴィッドなジャンパーができた。妹は大喜びだ。早速、そのスタジャンを羽織って外に出る。

「みんなにそのジャンパーすごいって褒められたの！」

家に帰ってきた妹はうれしそうに報告してくれた。

この関係はもっと大きくなってからも続き、そういえば60年代に〝みゆき族〟が流行ったときには、黒の長いタイトスカートを作ってあげたこともあった。サイズもぴったりでよく似合っていた。彼女は喜びのあまり、それを穿いて木更津からフェリーに乗ってわざわざ横浜の元町まで闊歩しに行ったのだ。

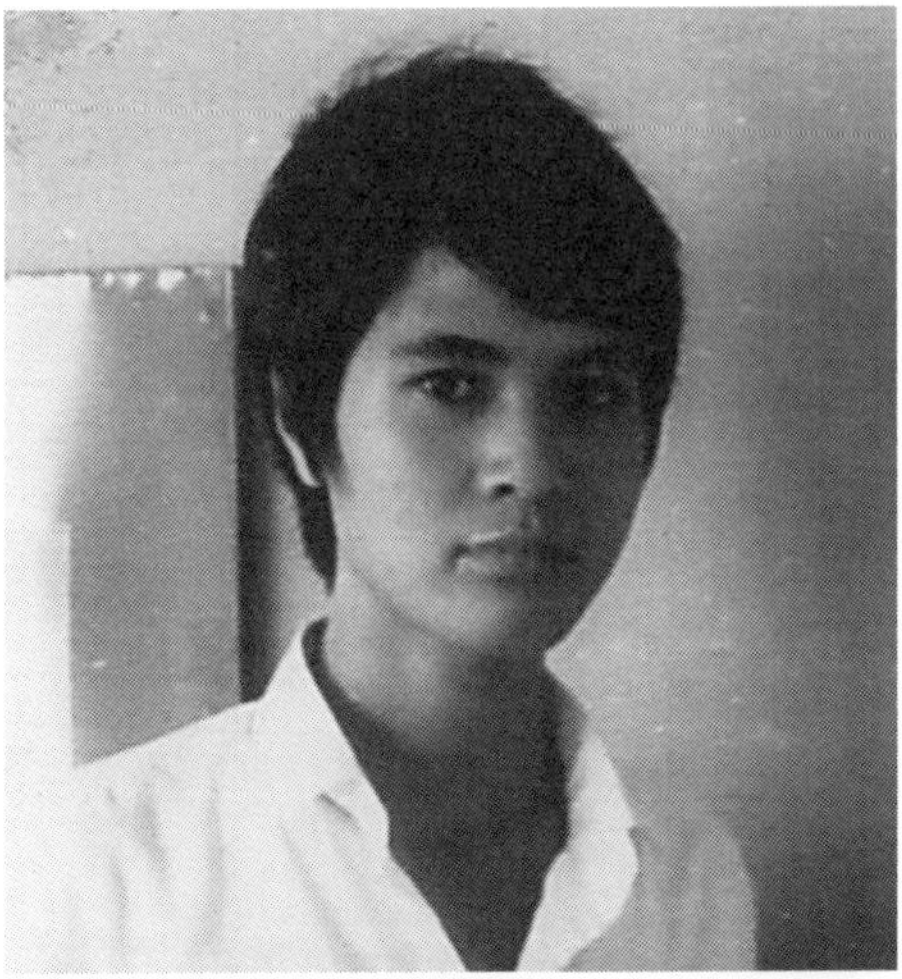

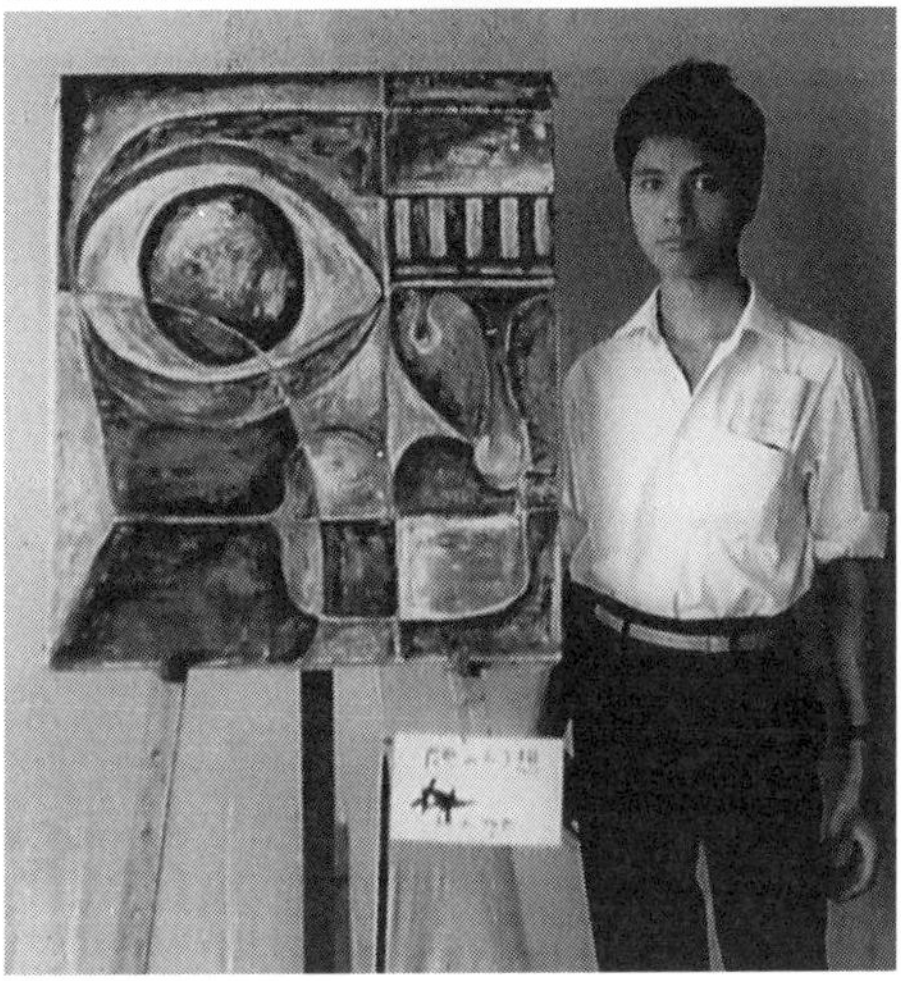

木更津第一高校では美術部だったジャガー。
横にあるのは文化祭で展示した自分の作品。

そんなかわいい妹と同じくらい、一番上の姉とも仲が良かった。ジャガーが高校生のとき、5歳上の姉はもう働きに出ていて銀座でタイピストをしていた。当時の花形といえる仕事だ。そんなキャリアウーマンの姉にはこれがよかろうと、黒っぽいネズミ色に細かいドットが入った生地を押し入れから引っ張り出して、スーツを作ってあげた。

姉もまた喜んでくれて、銀座の職場に遊びに行ったときはオフィスの目の前にあった有名なシャンソン喫茶「銀巴里」に連れて行ってくれた。狭い店内で、美輪明宏が生ライブをしている。全身黒尽くめの美輪明宏が指にはめた大きな指輪をキラキラさせながら、一対一のような近さで歌っている。姉はもううっとりだ。昔からの大ファンで、職場がたまたま銀巴里の目の前であることに運命を感じていたようだった。

ジャガーもまた、それから20年くらい経ってから美輪明宏のように音楽活動を始めるわけだけど、高校生だった当時はまだ特に何もしていない。

本当はピアノが習いたくて、何度も母にお願いしたけれども、ハイハイと聞き流されるばかりでそれは叶わず、なんとなく前からやっていたハーモニカや、新たにギターを触り始めたくらいだ。それでなんとなく独学で弾けるようになり、家でも弾くようになった。でも洋裁ほど兄弟からのウケはよくなく、誰も聴いてくれない。いつも弟にうるさいと怒られていた。

当時は世の中のカルチャーとしても、まだバンドを結成するというものがなく、したがって高校の仲間とバンドを組むということもなかった。ちょっと楽器で遊ぶといった程度だ。

その代わりに、ソニーのオープンリールのテープレコーダー「TC-777」で米軍ラジオFENから流れるエルヴィス・プレスリーやレイ・チャールズなどの音楽を、片っ端から録音することにジャガーは熱中していた。当時のテープレコーダーなんてハイテク中のハイテクで、買うにもかなりの金額だったはずだ。真空管ではなく日本初のオールトランジスタアンプ搭載だったけど、それでも重さは19kg。しかし、父がメカに対して理解があったためなのか、それがドーンと長浦の家に置いてあった。この経験はその後のスタジオ作りにつながっていったと、今になって思う。

「君の成績なら東大を狙える。東大に行きなさい」

高校の進路相談で先生からそう言われたけど、ジャガーにはいまいちピンと来なかった。それよりも工作で培った技術と、絵画や洋裁で培った芸術に興味があった。そのどちらの欲求も満たせる進路として、ジャガーはカメラマンを目指してみることにした。幸いにもカメラ好きな父のおかげで、高校生にふさわしくない高価なカメラまで持っている。

いろいろ進学先を調べた結果、多摩芸術学園の写真科に進むことにした。多摩美術大学がやっている写真の専門学校だ。普通、東大を狙えると担任に言われたら親は写真学校に反対しそうなものだけど、うちの両親にはそれがまったくなかった。振り返ってみると、両親はいつもジャガーの興味を否定せずに、必ず後押ししてくれる存在であり続けてくれた。本当にありがたい存在だ。

まあ、それも結局、母方のおばあちゃんの財力があったからこそだと思うけど……。そんなおばあちゃんの存在を含めて、ジャガーの環境は本当に恵まれていた。

第四章
田端

ジャガーは上京して、写真学校に入学した。上京とはいえ、学校は神奈川の溝の口にあったので、それほど上京という感じでもなかった。

最初の半年間は、東京の赤羽にある叔父の家に下宿させてもらった。ところがあまり居心地がよくなく、おまけに大して学校に近いわけでもなく、ジャガーはそこを出てしまった。しかし長浦から溝の口の学校まで通うのは、とてつもなく遠い。困った母は、東京の田端にアパートを見つけてくれて、東京で働いている姉と二人で暮らすことになった。

田端は起伏の多い街だ。高台からカメラを持って尾久操車場を見渡してみる。錆びついた赤茶色のレールの上には何両かの真っ黒い蒸気機関車が留置されていて、いくつかからは煙が上がっている。そしてそんなモノトーンな景色に混じって、色鮮やかな新しいディーゼル特急「はつかり」も停まっている。高台の麓でカーブを描く山手線では、昔ながらの焦げ茶色の電車に混じって、今の中央・総武線と同じ色をした真っ黄色の電車も走っている。その当時の山手線は、今の黄緑色ではなかったのだ。

この見渡せる景色全部が、15年ほど前までは空襲の焼け跡そのものだった。それが今やあらゆるところで工事が行なわれ、遠くの現場から絶え間なく建設作業中の音が聞こえてくる。そして天に向かっておびただしい数の工場の煙突がツクシのようににょきにょきと生えて、その口から煙を吐き出している。国民全員が一丸となって働いているような、そんな景色だった。

はるか先に、ひときわ大きな煙突が4本立っている。東京大空襲のときに火炎の中から見上げた、千住火力発電所のお化け煙突だ。工場と住宅がぎっしりとひしめき合う絨毯の中に不気味な巨体を沈めているその発電所は、もうまもなく操業を終えるという。東京湾に面した豊洲の埋立地に新しくできた、新東京火力発電所にその役割を譲ることになっているそうだ。

ちなみに、そのお化け煙突の麓にある西新井橋も、つい1年くらい前に真新しい橋にかけ替えられたばかりだ。そこから視線を左に動かすと、母方のおばあちゃんの接着剤工場も見つけることができた。これもまた最近になって増築した建物だ。こうしてあの日ジャガーが見た痕跡は、とてつもないスピードでこの世から消え去ろうとしていた。

高台から坂を下ってアパートに戻る。切り立った崖の下にあったせいでアパートには日が差し込んでこなかった。ジャガーはそこから黙々と写真学校に通って一応、一生懸命撮影技術を学んだ。

そんな日々を送っていた1963年11月23日の早朝、会社に行く前にテレビをつけた姉は大きな声をあげて、まだ布団の中にいたジャガーを叩き起こしてきた。その日は土曜日で、朝もまだ5時ということで眠くて仕方なかった。

「ちょっと！　観てよこれ！」

姉は興奮して、部屋の片隅に置かれた白黒テレビを指差す。その日、NHKでは朝の5時から、史上初となる〝テレビの宇宙中継〟をやっていた。翌年開催される東京オリンピックで世界に中継する必要から、アメリカからのテレビ電波を人工衛星で経由して受信するという実験を行なっていたのだ。

「この電波に乗せて、まことに悲しむべきニュースをお送りしなければなりません……」

テレビの中の白黒のアメリカ人が、同時通訳で語り出す。

「アメリカ合衆国ケネディ大統領は、11月22日、日本時間23日午前4時、テキサス州ダラスシティにおいて銃弾に撃たれ、死亡しました。この電波でこのような悲しいニュースをお送りしなければならないのは、まことに残念に思います」

わずか2年前にソ連が人類初の有人宇宙飛行を達成し、ケネディはそれに対抗するために「We choose to go to the moon（我々は月に行くことにした）」と宣言したばかりだった。そんな彼が宇宙経由で来た第一報で暗殺されたと報じられるだなんて、なんと皮肉なことだろう。

それにしても当時は米ソ冷戦の真っ只中で、つい前年にはソ連との間でキューバ危機まで起こしている。この暗殺がソ連側の仕業だったとしたら、ひょっとしたら第三次世界大戦が起こるかもしれない……。


ジャガーはあまりの衝撃に体が動かなくなり、テレビを食い入るように見つめていた。姉もまた口を開けたまま、ピクリとも動かずにテレビを観ている。しかし様子がおかしい。いつまでたっても微動だにしないのだ。スケールの大きな世界的問題よりも、目の前の不安のほうが大きくなったジャガーは姉に話しかけた。

「ねえ、大丈夫？」

「ご、ごめん……、ぎっくり腰になっちゃった」

洗い物を下げようとして立とうとした瞬間に、腰をやってしまったらしい。とにかくその姿勢からはもう動けないと言うので、姉を介抱し、おぶって病院まで連れて行った。

ちなみにちょうどその頃、ジャガーは写真学校に通いながらNHKでアルバイトしていた。父が関わっていた出版社、芸術教育研究所の多田さんという方の紹介で、NHK教育テレビの番組作りをしていたのだ。子供向けに工作をする番組で、紙を切ったり貼ったりするジャガーの手元をカメラで映してオンエアしたところ、それを長浦の実家でたまたま観ていた母は、一瞥してこう言ったらしい。

「あれは牧彦の手よ」

横で一緒に観ていた妹が「まさか〜」と言うと、

「いや、あれは絶対そう」

母は断言した。後日それを妹から聞かされて、やっぱり母は不思議な感覚で自分の子どもを判別できるものなのだと感心した。出演したのは手だけだが、とにかくこれがジャガーにとっての初のテレビ出演。のちに千葉テレビで一世を風靡する「HELLO JAGUAR」の20年も前の話である。

お母さんの作ってくれたお弁当ってサ
イワシの煮付けが　おいしかったよネ
お母さんって　パーマ屋さんによく行ってサ
すごく　オシャレだったよねネ
イエ〜〜！

——『お母さん！』より

母は本当に自由奔放な人だ。正直に母の実像を述べると、この歌詞からイメージするほど毎日お弁当を作っていない。でもたまにしか作ってくれないからこそ、イワシの煮付けがたまらなくおいしく感じたのかもしれない。
前にも触れたとおり、母はいつも東京に出かけていて長浦の家を空けていた。部屋に閉じこもって自分の世界を作ることが好きな父とは対照的で、華やかで社交的で都会が好きな人だったのだ。なので、後年ジャガーが親孝行をするような歳になってから温泉旅行にいくら誘っても、

「私、嫌よ」

と、あっさり却下されるばかりだった。温泉地のようなジメッとしたところは嫌で、それならネオンが輝く華やかな都会に行きたいと言う。


そんな母の我慢が限界に達したのだろうか、ある日突然、干潟に面した小さな漁村にあった家を引き払って、東京からほど近い下総中山に行くと言い出した。

「もうおうちは借りてきたわよ」

「はい」

父は一言そう言って、母に黙ってついていくだけだ。それにしても、下総中山は市川と船橋の中間にある街なのだけれど、なぜそこにしたのかは今でも謎だ。

それに合わせてジャガーと姉の二人で住んでいた田端のアパートも引き払って下総中山に合流することになり、再び一家揃っての暮らしが始まった。かわいそうなのは

20歳くらいの頃のジャガー。
だんだんワイルドになってきた。

妹だ。ちょうど木更津の高校に通い始めたタイミングだった。長浦だったら3駅で行けたのに、下総中山からだと東京湾を時計回りにぐるっと半周近くしなくてはならない。

それは木更津の中学校に勤務していた父も同じだ。ただ父は、どんな苦労があろうとも、自分の部屋にこもって徹夜しながら絵を描けさえすれば、それで幸せな人だった。

第五章 下総中山

下総中山駅はまだ古い平屋の三角屋根駅舎だったけど、総武線にはちょっと前まで山手線で走っていた真っ黄色の電車が走るようになっていた。中山競馬場へと向かうギャンブラーたちの波をくぐってジャガーは電車に乗り、溝の口の写真学校へと通う。

しかし、やがて学校に通う意味を見いだせなくなってしまい、途中で退学してしまう。かといってブラブラするわけにもいかないので、ジャガーは五反田の看板屋に就職して営業マンになった。カラフルな電車、カラフルな看板。東京オリンピックが開催された1964年は、つぼみが開いて花咲くように、街もまた彩り豊かになりつつあった。そんな中であちこち駆けずり回って看板の営業をしたのだけど、結局その看板屋もどうにも性に合わず、1年もしないでこちらも退社してしまう。

その頃の楽しみといえば、駅から自宅へと向かう途中にあるレコード屋に寄ることだった。その店は「イトーヤ」といって、レコード屋というよりも、レコードも置いている街の電器屋といった趣だろう。

「いらっしゃい。ビートルズの新しいアルバム入ったよ」

すっかり顔を覚えられていたジャガーは、店主から声をかけられる。当時は、ザ・

ビートルズに夢中になって、イトーヤでレコードを買っては、部屋でヘッドホンをかけていつも聴いていた。その新しさに大きなショックを受けて、いつか同じようなショックを世間に与えたいと漠然と思ったものだ。

ポツポツと新興住宅街ができ始めた下総中山は、新たな家電を買い求める新住民たちの需要があり、イトーヤは繁盛しているようだった。日本全体で見ても、翌年の1965年からいざなぎ景気に突入して、これまでの白黒テレビ・洗濯機・冷蔵庫といった三種の神器に代わる新・三種の神器として、カラーテレビやクーラーなどが普及していく。

看板屋を辞めてブラブラしていたある日、イトーヤにアルバイト募集の張り紙があるのを見つけて即座に応募した。そしてすぐに面接をして、すぐに働き始めるようになった。元来持っているメカ好きの要素と、音楽好きの要素が「ここだ！」といわんばかりに、自分の中で蠢いたのかもしれない。

こうして家電配達の運転手の助手として、下総中山界隈の新しいお宅に新しい家電を届ける毎日が始まった。やがて、これまでに培ってきた工作知識を駆使して、ある程度の修理の依頼もこなすようになる。

日々イトーヤに入荷されてくる新しい家電の進化には、目を見張るものがあった。特にテープレコーダーはすごかった。1966年に発売されたソニーのカセットテープレコーダー第一号機となる「TC-100」は、重さがたったの1・75kg。重量もサイズも、一番小さなオープンリールのテープレコーダーの半分以下だ。直線的で鋭角な、未来的デザインも目を引く。

ラジオももうその頃には真空管からトランジスタにすっかり置き換わって小型化していたのだけど、量産効果によって値段がどんどん安くなり、それまでの一家に一台から、当時20歳前後だった団塊の世代の若者たちが個人的に所有する端末へと進化していった。今でいう携帯電話みたいな感覚だろうか。

そしてそのトランジスタラジオから、夜更かしな若者たちに向けて深夜ラジオ放送が流れてくる。声の主はジャガーと同い年のみのもんた。立教大学を卒業して、文化放送のアナウンサーになったばかりだった。

彼らラジオパーソナリティーたちは、たくさんのグループ・サウンズの曲をかけてブームを生み出し、洋楽ならザ・ベンチャーズ、ザ・ローリング・ストーンズ、邦楽ならブルー・コメッツにザ・タイガースなど、たくさんの若者たちがイトーヤにレコードを買い求めにやってきた。そして、彼らの間ではバンドを組むことが流行りとなっていった。1966年のザ・ビートルズ初来日も大きなキッカケになったと思う。

一方、ジャガーはその波に乗って、バンドを組んだりはしなかった。しかし、一生懸命若者たちにレコードとプレイヤーとラジオを売って働いて稼いだお金を貯めて、4トラックある、セミプロ向けの高級オープンリールデッキ、ソニーの「TC−500A」を購入して充実の録音ライフを送っていた。人生で初めて作ったジャガーのオリジナル曲も、たしかそのマルチトラックを使って多重録音したはずだ。

ちなみにこれはイトーヤからは買っていない。流通関係で働く知り合いが安く買えるからと言っていたので、そっちから買ったように記憶している。

そんな暮らしが2年ほど続いただろうか。またもや母が、下総中山の家を引き払って長浦へ戻ると言い出した。それで一番被害を被ったのは、結局また妹だ。木更津の高校の卒業を目前に控えた彼女は、都内の大学に進学が決まっていた。今度は反時計回りに東京湾を半周しなくてはならない。

その頃には、もう総武線や内房線沿線の光景もだいぶ変わっていた。あの延々と続いた東京湾の干潟も仕切りが作られて水抜きされ、実に広大な埋立地になりつつあった。冬の空っ風に吹かれると、埋立地の土が舞ってたちまち砂嵐となる。それはまるで火星の赤茶けた大地に立たされたかのようだった。


その母の気まぐれな決断に伴って、ジャガーは姉と再びアパートで二人暮らしをすることになった。不動産を見つけるのが半分趣味のようになっていた母は、下総中山の隣にある東中山のアパートを見つけてきてくれた。

そのアパートは田端時代とは違って日当たりがよく、ジャガーはとても気に入っていた。休みの日の昼下がりに、窓を開けてそよ風を招き入れ、シャンソン歌手のアダモを聴くのが至福のひとときだった。後年住むことになった家の自室をどれも一面ガラス張りにしたのは、この時の感動が忘れられないからなのかもしれない。まあ、そのせいで夏場は室温が45℃とかになるんだけど……。

新興住宅街にあるアパートの窓から外を眺めると、いつも見かける若い女性が今日もてくてくと駅に向かう姿が見える。学校だろうか？　仕事だろうか？　通勤客に紛れて明日もまたここを通るのだろう。相変わらずジャガーは市川と船橋の間にいる。

やっと夜の暗闇が　やってきましたネ
この千葉の船橋　この市川に
中山から本八幡まで　あの娘が
今日も電車で　通り過ぎる
あの頃の　二人の愛を風は吹き飛ばす
この千葉の船橋　この市川で

いつか夜の暗闇が　やってきましたネ
この千葉の船橋　この市川に
行徳から本八幡まで　あの娘はー
あの娘は　今日も通り過ぎる
さっき降った　小雨の水しずくのように

この千葉・船橋　市川に

やっと夜の暗闇が　やってきましたネ
この千葉の船橋　この市川に
中山から本八幡まで　あの娘がー
今日も電車で　通り過ぎる
あの頃の　二人の愛を風は吹き飛ばす
この千葉の船橋　この市川で

――『船橋・市川の娘』より

どこかの灯台の前で佇む。
この頃ようやく写真もカラーになってきた。

第六章 本八幡

市川の本八幡で自分の商売を始めたことに、実はあんまり大した理由はない。船橋はあの頃はまだちょっと田舎っぽかったし、それより東京側に位置して栄えていた本八幡になんとなく関心があっただけだと思う。下総中山は駅前がお寺で五重塔が建っていて、ちょっとローカル臭かったので、ここではないなと思っていた。

その下総中山のレコード屋で4年ほど働いたジャガーは、次に何かやるとしたら自分でビジネスを立ち上げることだと決意して、せっせと貯金をしてそれを元手にクリーニングの取次店を始めるようになった。なぜクリーニング店なのかというと、その理由もまたなんとなくである。大して資本がいらなくて、手っ取り早く始められる業種だったからという程度で始めたのだ。

もちろん、たかだか24歳の貯金（2年で貯めた50万円）だけでは始められるものでもないので、国民金融公庫と母からお金を借りた。不動産探しが得意な母は、本八幡駅南口から徒歩5分くらいのところにある、木造2階建ての店舗兼住宅も見つけてきてくれた。ジャガーはそこに一人で住むことにし、それまで姉と住んでいた東中山のアパートは引き払うことにした。

先ほど〝本八幡は栄えていた〟と書いたけれども、それはあくまで当時の感覚で船橋や下総中山と比べたうえでの話。今の感覚からすると本八幡はまだまだ全然田舎だった。

南口の駅舎はまだ地上にあって、普通の住宅のような大きさで瓦屋根の平屋だったし、その脇には有人の踏切もあった。電車が来ると詰め所の中でハンドルを人力で回して、ワイヤーでできた遮断機を下げる。すると、蒸気機関車が煤煙を撒き散らしながら長い貨車を連ねて通り過ぎていく。南口ロータリーに面しているマツモトキヨシの裏辺りも、当時はまだ田んぼだった。北口から京成八幡駅まで続く繁華街も、今の下総中山駅前のような小さな街の商店街といった雰囲気でヤマザキというレストランの他、喫茶店も2軒くらいしかなかった。

ジャガーが新しく住み着いた店舗兼住宅の裏もまだ田んぼで、用水路の中を覗くとタニシがいっぱい棲んでいた。魚介類が大好きなジャガーはよくそれをさらって焼いたり、煮たりして食べていた。

クリーニング取次店をそこで実際に開店してみると、興味深い点にすぐに気がついた。クリーニングに出すついでに、洋服直しの依頼が山のように来たのだ。

ジャガーのおぼろげな昔の記憶だと、穴が開いたりほつれたりした洋服を直してもらいたいときは、一緒に住んでいるお母さんやおばあちゃんに頼んでいた。ところがこの辺りはそれをやってくれる人がいない。だからクリーニング店に依頼が舞い込んでくる。新興住宅街として発展を遂げつつあった本八幡には、東京に通勤する共働き・核家族がたくさん移住してくるようになって、洋服直しをする時間と人がいない家庭が増えつつあったのだ。

ジャガーはもともと高校時代から洋裁をやっていたので、そんな洋服直しの依頼に臨機応変に対応していった。するとそっちのほうがどんどん忙しくなってきたので、クリーニングのほうは1年も経たずにやめ、洋服直しの専門店としてそれ一本でやっていくことにした。

こうしてジャガーが世を忍ぶ仮の本業、「洋服直し村上」が誕生する。多分、1968年のことだったと思う。

その看板は、父が描いてくれた。その頃はまだ木更津の中学校で教師をしていて、母と妹と長浦に住んでいたけれど、ちょうどこの年から内房線は長浦まで線路が複線になり、しかも電車が走るようになった。昔と比べて長浦は少なくとも1時間以上は近くなったと思う。千葉もだいぶ便がよくなったものだ。沿線の風景も更地だった広大な埋立地が、いつしか巨大なコンビナートに様変わりしていた。

最初のうちは車で回って「洋服直しのご用命はございませんか？」などと飛び込み営業なんかもやっていたけど、経営はすぐに軌道に乗った。忙しくなって母や姉が応援に駆けつけて店番などをしてくれたおかげで、開業から2~3年もすると2店舗目、3店舗目も出せるようになった。もちろん物件探しから内装工事まで全部ジャガーがやる。工具を持ち込んで、こうやってモノ作りに熱中しているときが一番楽しい。

本八幡の周辺には、洋裁ができる主婦の方々が多く住んでいた。例えば、新潟の新発田など、雪に囲まれる冬の間の内職として縫製業が発達した街から、高度経済成長の波に乗ってこちらへ引っ越してきた人たちもたくさんいたのだ。そんな人材をパートで雇い入れて、やがて店をある程度人に任せられる余裕が出てきたので、この際ちゃんと洋裁の勉強をしてみようと、ジャガーは仕事の傍ら代々木の洋裁学校に通うようになった。今度は鉛筆片手に型紙作りを学んでは、ハサミで生地を裁断する毎日が始まった。

その頃の本八幡は発展が目覚ましい。1970年に北口に新しく八幡ハタビルが建ったと思ったら、その2年後の1972年に総武線も津田沼まで複々線になって、本八幡駅がピカピカの高架駅になった。今の駅舎である。

同時に、本八幡は通過することになってしまったけど、横須賀方面まで直通する総武快速線も走るようになった。高架下にはショッピングセンター「シャポー本八幡」もできて、そのまた2年後には北口に商業ビル「パティオ本八幡」もオープン。気がつけば駅周辺に散在していた田んぼは消滅し、タニシもすっかりその姿を見せなくなってしまった。今を象る本八幡の姿はこの時代にできたといえる。

ちなみに八幡ハタビルが建ったところにはもともと映画館があったのだけど、ハタビルが建つ前の年くらいに大火事になった。夜空を焦がすような火炎を見上げて、住民たちが不安げに「地上げのためにつけられたのではないか？」と口々に噂していたことを覚えている。

そんな物騒な出来事が起きるくらい、当時の本八幡の不動産価格は急騰し始めていた。東京都心に30分程度で通えるベッドタウンとして注目され、人口が激増。そのため、もうその頃にはプロと呼べるレベルの不動産通になっていた母は、ジャガーが住んでいる住居兼店舗、つまり当時の本店を買い取ったほうがいいと言い出して、そのお金をポンと出してくれた。もちろんこれも、おばあちゃんから融通したものだと思う。

こうして本店が我が家のものになったので、店の改装に着手することにして、店内の壁という壁を、赤と白のタータンチェックにした。通勤途中の道沿いにひときわ目立つ店舗ができあがり、仕事はますます増えていった。

人口が増えて、お客さんも増えて、だけど当時はまだ洋裁ができる人たちもたくさんいて、ジャガーのＤＩＹで支店をどんどん増やしていった。そしてその利益から少しずつお金を払っていって、本店を自分の不動産として今度は母から買い戻す。当時の本八幡には、こんな好循環が生まれていたのだった。

HELLO～　JAGUARで～す！　これから　みなさんとサ
千葉県のサ　市川市をサ　一緒に　散歩しましょうネ

電車で来るなら　総武線　本八幡！

市川市役所の真ん前にサ　八幡のヤブ知らず
八幡神社から　市川文化会館　通って
ニッケコルトンプラザで　食事しましょうネ
総武線　市川駅から乗って！

チーバくん！　君は女の人ばっかり見てるんじゃないの？
まじめに！　歩きなさいヨォ～！
君は20世紀ナシを食べてサ　中山法華経寺の五重塔で
座って～いなさい！　ヨォ～！

ファイト！　ファイト！　いちかわ！

ファイト！　ファイト！　ちば！

——『ファイト！いちかわ！』より

支店の数はうなぎのぼりに増えていった。その中には、洋服直しではない店も含まれている。例えば、比較的初期の頃に本八幡の隣にある菅野という場所にオープンさせた、ロック喫茶兼ライブハウス「バンド・オブ・ジプシーズ」。ジミ・ヘンドリックスが１９７０年に発売したアルバムの名前からとったものだ。

外観はライブハウスというよりも普通の喫茶店。当時まだ国鉄だったＪＲ本八幡駅から北に歩いて10分くらいの住宅街にある菅野交番を通り過ぎて、東菅野郵便局の十字路まで行くと、そのバンド・オブ・ジプシーズが目に入る。その頃はロック喫茶が流行っていて、市川真間駅のそばにはヘビーフライトという有名店もあった。

ある日、そこに中学生か高校生くらいの男の子が入ってきた。

「いらっしゃい」

「ホットをお願いします」

ホットコーヒーを出すと、ＢＧＭを背景にしばらく沈黙が流れる。そして少年が口を開いた。

「ジミヘン好きですか？」

どうやら音楽好きのようだ。

「ええ、まあ……」

ジャガーが答えると、素っ気なさすぎたのだろうか、少年は怪訝な顔をする。

「……きれいな喫茶店ですね」

「ロック喫茶によくあるような小汚い感じは嫌いなんですよ。近くにお住まいですか？」

「家は駅の近くなんですけど、叔母の家がここの近くにあるんで、その帰りに寄りました」

「そうですか……」

二人しかいない店内に、再び沈黙が訪れる。この少年はのちにミュージシャンとなって、佐伯健三（サエキけんぞう）としてデビューすることになる。

そのロック喫茶にはサエキ少年の他にも地元の音楽好きたちが集まるようになり、夜になるとそこでライブをするようになった。

当時はフォーク全盛で、ジャガーの見た目に変化が現れ始めたのもこの頃だったと思う。というのも、当時のジャガーはちょうど美容院の経営にも乗り出した頃で、そこでいつでも金髪にしてもらえるようになったのだ。金髪ロング、これが自分のトレードマークになった。件のサエキ少年も、以前ロック喫茶で話したことがあるその金髪ロングが、別の日にはなぜか洋裁店の中で働いていたのを見かけたことから、「洋服直し村上」と「バンド・オブ・ジプシーズ」は同じ人がやっていると認識するようになったという。

また、ちょうどそのくらいだったかに妹が結婚式を挙げることになり、黒いスーツに金髪で参列したらみんなからギョッとされたことも覚えている。70年代半ばのその頃は、金髪はまだまだ珍しかった。でも、今になってよくよく考えてみると、その日ジャガーはその格好にたしか黒いネクタイを合わせていた。みんなからギョッとされた本当の理由は、金髪ではなく、こっちなのかもしれない。

それから数年後、妹と妹の旦那と3人でデイヴ平尾が六本木でやっていたライブハウス「ゴールデン・カップ」に行ったときには、ジャガーがトイレで席を外している隙に妹はデイヴ平尾から声をかけられた。

「ねえ、カノジョ。あいつ何者？」

「私の兄よ」

帰り道で妹は笑いながら教えてくれた。金髪で痩せているので同業者に思われたのだろう。そんな感じでジャガーの格好はだんだんと派手になっていった。

「いつからそうなったのかもよく覚えてないし、気がついたらジャガーになっていた」

妹は今でも笑ってそう振り返る。ちなみに「ジャガー」と名乗るようになったのは、ザ・ローリング・ストーンズのミック・ジャガーが大好きだったからだ。ただしミック・ジャガーの綴りは「ＪＡＧＧＥＲ」なので、自分のスペル「ＪＡＧＵＡＲ」とはちょっと違う。

キース・リチャーズもミックに劣らないぐらい好きだったので、本当は「キース・ジャガー」、あるいはアルファベットで「ＫＥＩＴＨ ＪＡＧＵＡＲ」にしようと思っていたのだけど、長ったらしいので結局シンプルにジャガーだけにした。それまでは本名の村上でライブに出ていた。

初めて出たライブが、いつだったのかは覚えていない。仕事終わりで菅野のロック喫茶へと向かうと、そこに自然と仲間たちも集まってきて彼らとセッションをやるようになり、仲間内のイベントではあるものの、気づけばそこでライブをするようになったんだと思う。ザ・ローリング・ストーンズやザ・ビートルズ、邦楽なら井上陽水とか吉田拓郎のコピーをやっていたことは覚えている。

その仲間の中には、スペクターやナンバーワンなどの暴走族に入っている子もひょっとしたらいたかもしれない。当時は矢沢永吉のバンドCAROLが大人気で、その親衛隊を務めた舘ひろしと岩城滉一のバイクチームCOOLSもまたバンドとして人気が出てきていた時代。本八幡を貫いて都内まで伸びる国道14号を、夜な夜な暴走族が走り抜けていたものだ。

結局、バンド・オブ・ジプシーズは3年くらいで閉店した。繁華街から離れた住宅街の中にあったし、ジャガーは一度やり出すと熱中してしまうクチなので、いつしか音がうるさくなってしまったのだ。その証拠に、裏のブロック壁が日に日に高くなっていった。裏のお隣さんが1ブロックずつ塀を高く積み上げて、防音を強化していってくれたおかげで夜中にドラムをドンドン叩いても一切苦情は来なかったけど、さすがに申し訳ない気持ちになった。

昔　君は汚れた洋服を着て　洋裁学校へ行っていたね　AH
今の失われた気持ちは　君はわからないだろうな　AH
オレは破れたGパンを　はいていて
君はデニムの　ミニスカートを　はいていた

救われるような気持ちを持っているうちはいいが
失われた気持ちは　誰にもわかるまい
誰でもかんでも　みんなで騒ごうぜ
失われた気持ちを　忘れるまで

あの頃よく入った　コーヒーショップ
そこを通ると　あの頃の君が現れる

誰でもかんでも　みんなで騒ごうぜ
失われた気持ちを　忘れてしまうまで
オレは破れたGパンを　はいていて
君はデニムの　ミニスカートを　はいていた

思い出すと蜃気楼が　現れ消える
あの頃の君と　思い出が

——『破れたGパン』より

第七章

JAGUAR FIRST

70年代半ば、事業は順調に拡大していって、ついに本八幡駅南口徒歩1分の土地を買収。そこに3階建ての自社ビルを建てることになった。

1階は喫茶レストラン「ＪＡＧＵＡＲ ＣＡＦＥ（邪我火布絵）」、2階は美容院、3階はオフィスを入れることにした。まさに自分の夢の城といった感じだ。当時とはテナントも変わったし、増築や改装をして見た目も若干変わったけれども、このビルは今でも現存している。80年代後半くらいからジャガーは3階に住むことになって、今でもそこに住んでいる。

だから、かれこれもう35年くらいここに住み続けていることになるのか……。

ビルを建てた当時はまだ本店2階に住んでいて、朝、目覚めたら、まず、階下の本店で朝礼をして、それが終わったらビル1階のＪＡＧＵＡＲ ＣＡＦＥか、本店脇の喫茶店「わたぼうし」で朝ごはんを食べるという生活を送っていた。その後は支店の見回りをしたり、幹部たちを集めて会議をしたり、ミシンが壊れたと報告があればその支店に行って修理したりしているともう夜になって、市川や船橋周辺の音楽仲間たちが夜な夜なＪＡＧＵＡＲ ＣＡＦＥに集まってくるようになる。

高校時代から始まった録音趣味もその頃には進化を遂げていて、ソニーの4トラックのマルチトラック・レコーダーだったものが、フォステクスの8トラックになって、その次にソニーの16トラックに手を出そうとした。しかし、そこまで行くともう業務用になる。そうなるともう街の電器屋からではなく、ソニーから直接買うしかなくなるのだけど、ソニーは強気でなかなかおまけしてくれなかった。

そうこうしているうちに80年代に入って、アナログからデジタルの時代に突入し、ジャガーは思い切って、三菱の32トラックあるデジタルマルチトラック・レコーダーを購入した。価格は3000万円くらいしたと思う。家が一軒買える金額だ。今であれば同じことがパソコンで簡単に、しかも比較にもならない安い値段でできてしまうけど、当時はまだパソコンのない80年代初頭だった。

それで結局、ビルではない本店のほうの1階に防音スタジオを作ることになり、スタジオ全体で最終的に1億円くらいお金をかけただろうか。たしか大半が自己資金だったと思うけれど、あの頃は銀行もバンバンお金を貸してくれたし、借りてもけっこう払えちゃう時代だった。もちろん税金対策で投資したという意味合いもあるけど、凄まじい資本投下をしたものだ。

振り返れば千葉県自体も1978年に成田空港ができたことを皮切りに、1981年になると船橋ヘルスセンターの跡地にららぽーとができたり、戦前から谷津遊園をやっていた京成電鉄がそれを閉じて、その代わりに1983年から浦安で東京ディズニーランドを始めたりと、県全体が世代交代をしているかのようだった。ジャガーのスタジオに負けないくらい、千葉県全体がだんだんゴージャスになっていく。きっと千葉の至るところで、ジャガーのようにお金を回す人たちがいたのだろう。


そんなわけで自慢のスタジオに音楽仲間たちを呼んで、ドラムや生楽器の多重録音をやるようになった。さらに自分のオリジナル曲を作って、バンド演奏してそれも録音するようになる。そして高音質なオリジナル曲ができると、次はそれでアルバムを作ろうという話が持ち上がる。

そこでいよいよジャガーに火がついた。長渕剛のベーシストとしても有名な川嶋一久さんやドラマーの松浦金時さん、そしてピアニストとして友成好宏さんという一流のミュージシャンに週に2回、定期的に来てもらうことにして、その間ずっと録音を入れてアルバムを作ることにした。こうして数年がかりで、こだわりにこだわった一枚のアルバムと一枚のシングルができあがった。
それがジャガーのファーストアルバム、その名も『JAGUAR FIRST』と、ファーストシングル『ブレイキン・オン』である。

ブルーの瞳を　じっと見つめて
炎と燃える　愛の光
上流社会の　見栄に疲れて
ゴーゴー燃える　暖炉の炎

消し止めて　みせようか
エメラルドの　瞳の涙を
ランランと光たぎる　シャム猫の
仕草をまばゆく　見つめている

ウーンなんと　恥ずべき世界
シャム猫の　毛並みのツヤの…
薪の燃えさしは　いぶり煙る
もはや救えぬ　乱れた世界

消し止めて　みせようか
エメラルドの　瞳の涙を
ランランと光たぎる　シャム猫の
仕草をまばゆく　見つめている

——『エメラルドの瞳』より

アルバムを出そうと思ったのは、それがやっぱり音楽をやっている人の夢だからだ。とはいえ、できあがったら次はこれをどう売るのかが問題になってくる。とりあえずデモテープを持って、片っ端から大手レコード会社に売り込んでみた。メジャーデビューもまたミュージシャンにとっての夢だからである。

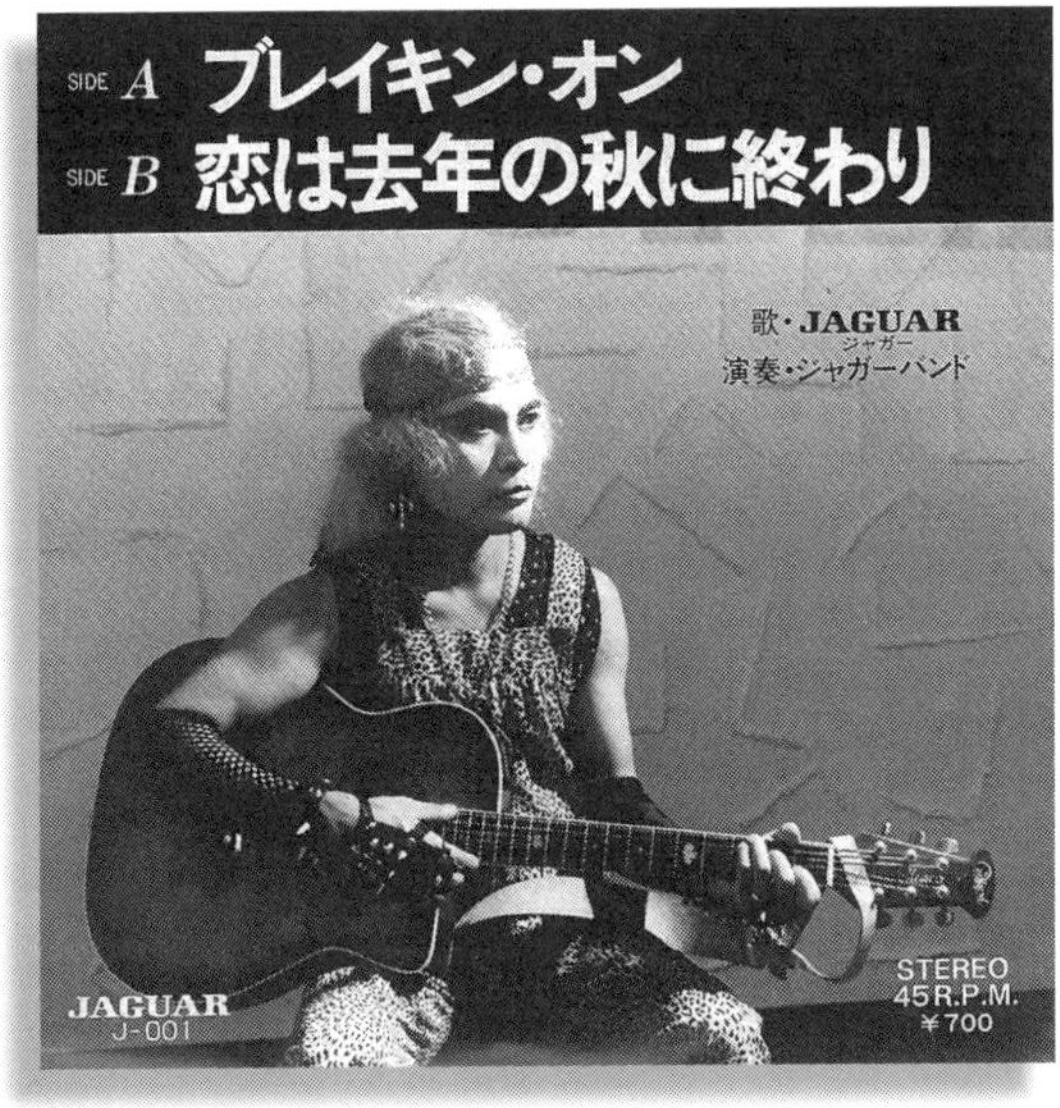

1stシングル『ブレイキン・オン』のジャケット。
モノクロでわかりづらいけど金髪だ。

しかし、現実はそう甘くはなかった。大手レコード会社の担当者にデモテープを聴いてもらうところまで漕ぎ着けられても、いつも決まってその後なんの音沙汰もなくなってしまうのだ。電話したり、直接持ち込んだり、いろんなところに売り込んでみた。しかし一向に事態は進展しなかった。

メジャーレーベルではジャガーは全然相手にされない。それがもうわかったので作戦を切り替えることにした。自費出版のインディーズ盤としてLPレコードを作り、営業マンを2人つけて関東一円のレコード屋、例えば新星堂や伊藤楽器などに委託販売という形で置いてもらうよう営業をかけてみたのだ。自分でレコードを作って自分で売っちゃえ作戦である。それでいずれきっと火がつくはず、そう思っていた。

そこで自主制作レーベル「JAGUAR RECORD」を設立して、早速レコードをプレスして生産することにした。でも今と違って当時はネットがなく、それに音楽流通の知識もなかったので、本当の手探り状態だ。電話帳からレコード工場を探し出して一軒一軒電話していき、プレスしてくれるところを見つけ出して、他のレコードを参考にしながら見よう見まねでジャケットのデザインに入る。品番らしいものがあったほうがいいだろうと思い、アルバム『JAGUAR FIRST』には「JL-1001」、ファーストシングル『ブレイキン・オン』には「J-001」と記載した。

そうしてできあがった2枚のレコードを持って、しらみ潰しにレコード屋に当たっていき、ついに店に置いてもらうところまで漕ぎ着けることができたのだけど、それでもいまいちパッとしない。営業マンたちは真面目に働いてくれて、どこそこのレコード屋に何枚卸したとちゃんと報告してくれるけど、それを2年ほど続けてもなかなか成果が出ない。どうしたものか……。

そんな矢先、本店に立ち寄ったら見知らぬ男が立っていた。

「すいません、社長はいらっしゃいませんか?」

洋服直しをしているパートのおばちゃんたちに話しかけている。どうも飛び込みで来たらしい。店の奥を覗き込もうとする彼。おばちゃんたちの目線が、ドアを開けたジャガーに突き刺さった。

「いや、私です」

「えーっ!?!?　社長さんですか!?」

ジーパンにタンクトップ、そして肩よりも長い金髪ロングのジャガーの見た目に驚いた顔をした彼は、慌てて名刺を取り出した。

「千葉テレビで営業をしている櫻井守と申します」

「何のご用件で？」

「『洋服直し村上』のＣＭをうちでやっていただけないかと思いまして……」

聞けば、彼の自宅の近所にもうちの支店があるらしい。千葉テレビはそうやって目ぼしい会社を見つけては、よく飛び込み営業をしているのだという。彼との話は弾み、自分が洋服直し以外にもやっている美容院や喫茶店、看板工場の話もしたし、木更津第一高校出身であることも話した。

「え、この建物って鉄骨なんですか？」

櫻井さんが本店の梁を見上げて言う。外観は木造2階建てだけど、実はジャガーが内部を鉄骨で補強していたのだ。

「ご自分で組み上げて溶接までされたんですか！」

そう、溶接もできるのだ。小さな目をまん丸にしてまたもや驚く櫻井さん。

と、ここでジャガーは例の件を切り出してみた。

「お店のCMよりも、自分のアルバムを作ったんでそのCMができないかな？」

「えーっ!?!?　レコード!?　社長はミュージシャンなんですか？」

唖然とした表情をしている。そもそも彼は洋服直しチェーンのCMを取ろうと思って飛び込んできたわけだから、そうなるのも無理はない。


実は『JAGUAR FIRST』を売り出す次の一手として、自分たちで『JAGUAR FIRST』の15秒CMを作って、それを千葉テレビ、テレビ神奈川、テレビ埼玉、あと、テレビ東京で流そうと内心考えていた。一応キー局にもCM枠の料金を問い合わせてみたけれど、とんでもない金額を提示されて、さすがにそこまでは手が出せないなと思っていたところだったのだ。

櫻井さんはしばしの間、う〜んと考え込んでいる。やがて口を開いた。

「せっかくだから5分番組で毎週やりませんか？」

あとから聞いた話だが、その時、まだ世間でまったく知られていないジャガーの初めてのアルバムを、少しくらいCMで流したところで効果はないだろうと思った櫻井さんは、それならいっそのこと番組を……と思いついたのだそうだ。

ジャガーは即決でそれに乗ることにした。15秒ＣＭだと10本打っても2分ちょっとにしかならない。それに対して何十万もかかってしまう。その点、櫻井さんが提案してきた5分番組枠の価格は、具体的な額は明かせないものの、普通にＣＭをやるより時間単位で考えたらだいぶ割安に思えたのだ。

それに5分(正味3分)という尺の長さなら自分のＰＶ《プロモーションビデオ》を流しつつ、「テレジオ7」みたいな番組ができるかもしれない。これなら普通のＣＭをやるよりも面白いことができるだろう。ジャガーの胸は高鳴った。

第八章 千葉テレビ

当時の千葉テレビは夜の7時から「テレジオ7」という音楽番組を放送していた。まあ、音楽番組といってもスタジオにDJとアシスタントと、レコード会社のゲストがいるくらいで基本的にPVを流しているという感じなのだけど、その始まりが面白い。

かつての千葉テレビでは、お昼から夕方までの午後帯は県議会中継やスポーツ番組といった特別番組を放送していた。それらがないときは「お茶の間BGM」というタイトルで、風景などの静止画とともに音楽を流していた。すると、意外とそれをBGMとして観ている人が多いことが判明。そこで1976年からレコードのジャケット写真や、イメージに合う静止画を音楽と一緒に流す「テレジオ7」が始まり、80年代に入ると、マイケル・ジャクソンの『スリラー』など数多くのPVが作られるようになって、それを「テレジオ7」でも流すようになったというわけだ。

日本には、まだMTVなどの音楽専門チャンネルが存在しない時代の話だ。同時期にテレビ神奈川で放送されていた「ミュージックトマト」や、テレビ埼玉の「SOUND SUPER CITY」なんかも、おそらく同じ背景で成立したものだろう。

折しも、その頃は撮影機材が安くなりつつあったタイミングだ。それによっていろんなミュージシャンたちが機材を買えるようになり、PVを撮るようになった。そして、いつの間にかそれが音楽業界のスタンダードとなり、MTVやスペースシャワーTVなど、PVを軸としたテレビチャンネルまでもが世に花咲こうとしていた。そういう大きな電器・放送・音楽業界の潮流の中に、もちろんジャガーも立っている。

櫻井さんの飛び込み営業から1週間くらいあとだっただろうか、彼に電話をかけた。

「ああ、もしもし櫻井さん？　撮影機材を買ったので、納品の仕方を教えてもらえないかな？」

「えーっ!?!?」

電話口で驚いている彼。まあ無理もないだろう。番組など作ったこともない人間が、自分で作って納品すると言っているのだから……。櫻井さんは当然ながら、番組制作は千葉テレビ側でやるつもりでいた。そうすることで電波料、つまり枠代以外に番組制作費も取ることができる。しかし、なんでも自前でやるジャガーを前に、そんな櫻井さんのささやかな野望は打ち砕かれてしまったのだ。

「とりあえずこの機材でいいのか、確認しに来てくれないかな？」

「は……はい」

それから数日後、櫻井さんが本店の防音スタジオにやってきた。結局1台しか買わなかったけれども750万円くらいするソニーの業務用カメラをはじめ、様々な機材が揃っている。

「ソニーの最新式のハンディカメラじゃないですか」

これでもちょっと前からしたら、かなり安くはなっていた。それまでの業務用カメラといえば、スタジオにあるようなでっかいカメラしかなく、価格も1000万単位したものだけど、ハンディカメラになってこのくらいの値段のものが出てきていたのだ。

また、業務用ビデオテープも、VHSより一回りくらい大きなカセットに入った4分の3インチ幅のものが、その時点ですでに存在していた。その前までは1インチ幅のオープンリールのテープしかなかったけれど、それに比べるとこれまた比較的安くなりつつあったのだ。

「いや〜、社長は本当になんでもご自分でやってしまう方なんですね」

真新しいソニーの業務用ビデオデッキを見た櫻井さんはそう言った。ジャガーの本気が伝わったようだ。

「これだけ揃えば、まあ、なんとか番組はできそうですね……」

感心の中にまだ多少の困惑を残しつつも、なんとかジャガーが番組を作るということで千葉テレビ社内を説得してくれると約束してくれた。実際に当時、社内では素人が作った番組をいきなり流すことに対して「本当に大丈夫なの?」という声もあったという。

後日、櫻井さんから連絡があった。納品のための放送規格を教えたいので千葉テレビに来てくれとのこと。これは、彼がなんとか社内をジャガーがやる方向でまとめてくれたというサインでもある。

千葉市の中心部から佐倉街道を内陸のほうへ進むと、鉄骨で組まれた大きなアンテナが見えてきた。これが千葉テレビの本社だ。

中に入ると部屋に通され、そこで技術部の方から、完パケ(完全パッケージ)にしてテレビ局に持ち込む際の決まりごとをレクチャーしてもらう。本編が始まる前の最初にカラーバーを何秒表示させるだとか、テストトーンとして1キロヘルツのピー音を何デシベルで何秒流すだとか、そういったことだ。細かい説明に一生懸命耳を傾けた。

もうその頃の千葉テレビは1971年の開局から14年ほど経っており、社員数も100人ほどいるようだった。関東では群馬テレビに続いて二番目にできた、いわゆる独立局だったと記憶している。

独立局とキー局では電波の周波数が違う。関東ではローカル局はUHF、つまり〝極超短波〟という周波数の電波を用いるのに対して、キー局ではVHF、すなわちUHFよりも若干波長が長い〝超短波〟を用いている。波長が変わるとアンテナも変わる。そのためUHFのテレビ放送を見るには、普段使っているVHFのアンテナに、それ用のアンテナをさらに取り付けなければならない。

しかし困ったことに、もうすでにキー局のテレビが観られる関東において、わざわざUHFのアンテナを付けてくれる人はそんなにいなかった。しかも他の地方のローカル局と違い、テレビをつけたらそのままキー局が映るので、そのネットワーク傘下に入ることもできなかった。要するに、キー局の番組をスポンサー付きでもらって流すこともできない。これにはかなり苦戦しただろう。

キー局のネットワークに入らない〝独立UHF局〟である千葉テレビは、独自の番組を作るか、昔キー局がやった番組を買ってきて放送するしかないという事情があった。今になって考えてみれば、その後まもなく始まる「HELLO JAGUAR」もそんな独自コンテンツのひとつだったというわけだ。

そんな苦しい状況の打開策として千葉テレビがやっていたのが、巨人戦の「リレーナイター」だった。日本テレビでは夜の7時から8時55分までしかナイター中継をしない。だから、たびたび試合途中で放送が終わってしまう。その後の一番面白い展開がわからないということが多々あったのだ。

そこで、その続きを千葉テレビでリレーナイターとして放送するようになった。すると、当時の巨人戦の視聴率はものすごかったので、UHFのアンテナを付けてくれる人が増えたようだ。さらにこれで味をしめたのか、今度は「トップナイター」も始め出す。夜6時の試合開始から、日テレの中継が始まるまでを中継するというものだ。

要するに巨人戦の頭とお尻だけを千葉テレビが中継していたのだけど、ちなみにジャガーは巨人ファンではないのでそれは観ていなかった。

さて、千葉テレビで納品のレクチャーを受けて早速、番組作りに取りかかった。まず、構成作家は入れずに全部自分で内容を考える。そして本店の防音スタジオに照明のセッティングをして、カメラを据え付けて、自分の曲を演奏して、カメラに向かってしゃべって、撮影が終わったら今度は編集。完パケまですべて一人でやった。もちろん衣装も自分で作ったものだ。大変だったけど夢中になれてとても楽しい。

そして放送開始日も決まった。櫻井さんの飛び込み営業からカウントすると、2〜3カ月後ということになるのだろうか。夜の7時25分からで、番組と番組の合間の天気予報やちょっとしたニュースが入ったりという枠だ。そして最後にタイトルは自分で考えて、「HELLO JAGUAR」にした。

そうしてできあがった第一回放送用のビデオテープを千葉テレビへ宅急便で送ると、しばらくして櫻井さんから電話があった。

「テープ届きました。いや～、正直、私自身も社内の者も過去にこのような番組は観たことがなく、あらゆる意味で衝撃を受けました」

「ああ、そう？」

「しかしカメラ1台しかないのに、数台使っていろんな角度から撮影しているように見えますね。いったいどうやって撮影したんですか？」

「あ～、同じ曲を演奏している自分を何回も撮影したの。カメラの場所を変えながらね」

「え、カメラマンはどうしたんですか？」

「ああ、うちの洋服直しの従業員にお願いしましたが」

「えーっ!?!?」

「いや、でもアングルとか全部事前に決めておいて、あとは録画のスタートボタンを押すだけでいい状態まで持っていってるんですよ」

「はあ、なるほど。さすが社長、誰にでもできるようにしているんですね！」

「まあ、簡単なパーンくらいはやらせるけど。そうやってカットカットで撮影して、自分で編集してつなげたんです」

櫻井さんもジャガーが作った番組に衝撃を受けているようだ。千葉県民はいったいどんな反応をするのだろうと考えると、もうワクワクが止まらない。あとはオンエアを待つのみだ。

こうして毎週テレビ番組を作っては、その素材を千葉テレビまで送るという日々が始まったのである。

第九章 HELLO JAGUAR

１９８５年10月2日、夜7時25分。

かくして伝説となる番組「ＨＥＬＬＯ ＪＡＧＵＡＲ」の第一回が千葉テレビで放送される。

「ハロジャガでーす！　みんなげ〜んきか〜〜い!?」

「ＯＫＡＺＵはＲＯＣＫ」という音楽番組終わりで、エコーのかかったジャガーの掛け声とともに、歌声が千葉中のゴールデンタイムのお茶の間に響き渡った。

Ａｈブレイキン・オン　Ａｈブレイキン・オン
足を大地にしっかり　つけないと
悪魔は　追い立てるように　現れる　現れる
ブレイキン・オン　ブレイキン・オン
気持ちをしっかり　落ち着けないと
悪魔は　食らいつくように　現れる　現れる
お前は　この世界を支配している

オレが沼からもがき上がるのを　冷ややかに眺めているだけＡｈ
Ａｈブレイキン・オン　Ａｈブレイキン・オン
恐怖と嫉妬が　同時に進行する
悪魔は　しがみつくように　現れる　現れる
ブレイキン・オン　ブレイキン・オン
怒りと悲しみが　交互ににじみ出る
悪魔は　襲いかかろうと　現れる　現れる

お前は　この世界を支配している
オレが沼からもがき上がるのを　冷ややかに眺めているだけＡｈ

――『ブレイキン・オン』より

栄えある第一回放送で歌ったのは、アルバム『ＪＡＧＵＡＲ ＦＩＲＳＴ』からシングルカットした曲『ブレイキン・オン』だった。もちろん作詞作曲からマスタリングまで全部ジャガーが手掛けている。それを今でいうYouTubeみたいに自分で撮影編集して自分でテレビでやったわけだ。しかもレコードの問い合わせ先として、自分の電話番号まで載せていた。

するとオンエア直後から事務所の電話は鳴りっぱなしになり、近所の高校の生徒たちは帰宅途中にうちの前で「ジャガー！」と叫んだり、追っかけまで現れて本八幡の街を追い回されたりするなど、とにかく反響が凄まじかったのだ。

行きつけの喫茶店「わたぼうし」に入るとマスターからも声をかけられた。地元の人たちにはもうバレているようだ。

「すっかり有名になりましたね」

「いやいやいや……」

照れながら答えるジャガー。もちろん知名度が上がってうれしかった。洋服直しの支店を回っても従業員たちから声をかけられる。

「社長、観ましたよ」

「あ、そう？　ふふふ」

なんだか照れくさい。

番組の反響は日増しに大きくなっていったけれど、それを「洋服直し村上」の宣伝につなげるべく、〝ジャガーの店です！〟といった看板を作ったり、打ち出したりすることはしなかった。それとこれとはあくまで別のこととして、自分なりに切り分けていたのだ。

しかし、普段から派手なファッションでいることに変わりはないので、店の改修をしたりしていると通行人に声をかけられるようになった。

「もしかしてジャガーさんですか？」

「いいえ、違います」

こういう時はだいたい知らんぷりで対応していた。そんな様子を見かねた従業員の木戸テツ子さんは、怪訝な顔をして聞いてくる。

「社長って不思議よね。恥ずかしがり屋のくせに、恥ずかしがり屋じゃない。普段は天岩戸にお隠れになることが多いのに、出るときは出る。やっぱり寂しがり屋なんですかねえ？」

思わずニヤッと笑ってしまった。木戸さんがあまりに不思議がっているのがおかしかったからだ。

「視聴率も4%くらいでかなり健闘しています」

千葉テレビの櫻井さんもUHF局としてはなかなかの数字にホクホク顔だ。そんな顔になるのも無理はないだろう。思わぬ反響に彼はジャガーにこう投げかけてきた。

「普段、音楽のほうではどんな活動をしているんですか？」

活動？　ジャガーはもうレコードも出しているし、番組まで持っているし、今さら他に何をやれというのだろう。ましてや社長業もやりながら。

「特にしてない」

そう答えると、彼は慌てた様子で続けざまに聞いてきた。

「ライブハウスとか出てるんですか？」

「出てない」

昔は菅野のロック喫茶「バンド・オブ・ジプシーズ」でよく仲間たちとセッションやライブなんかもやっていたけど、もうその店は閉じていたため、ライブらしいライブは久しくやっていなかったのだ。

するとは彼はまくしたてる。

「番組を始めてこれからレコードを売っていくわけですよね？　だったら、少なくともライブハウスとかにはあっちこっち出るようにして、直接ファンの人と触れ合う活動をやったほうがいいですよ！」

櫻井さんはちょっと怒っているような様子だった。番組を始めたりCMを流したからと言ってレコードが売れるわけではない。音楽はあくまで音楽としてファンと向き合って勝負するべきだ。そう断言されたような気がした。

それから数週間後、櫻井さんに電話をかけた。

「ライブハウス作りました」

「えーっ!?!?」

いつもの様子で驚愕している。「またそれもご自分で……」と言っている彼に早速、本八幡まで来てもらった。

案内したのはビルの地下1階。1階に喫茶レストラン「JAGUAR CAFE」、

2階に美容院、3階にオフィスが入っている例のビルの地下1階だ。

階段を降りて、ステージ前の柵を指差してジャガーは言う。

「この柵も自分で溶接して作ったんですよ」

「はあ、本当になんでも自分でやっちゃうんですねぇ」

「業者に頼むと高くつきますからね。自分でできることは何でも自分でやります。それに他のライブハウスに出るとチケットノルマがあったり、機材の搬入で手間がかかったりするでしょ？　どうやっても赤字になっちゃう。それなら自分でライブハウスを作っちゃおうって」

「名前はどうするんですか？」

「う〜ん、それは喫茶店と統一して『JAGUAR CAFE』にしようかな。1階で食事ができて、地下でライブができるみたいな」

ステージ前の柵に腰掛けながら櫻井さんと談笑していると、木戸さんをはじめとした洋服直しの従業員のおばちゃんたちが3人くらいで空調ダクトの搬入にやってきて、まだ残っていた作業に取り掛かった。それを見て、櫻井さんがやっぱりという顔をする。

「ちなみにこのビル自体もずいぶん独特の雰囲気がありますが、まさか？」

「ええ、従業員たちと作りました」

「えーっ!?!?」

それまで散々洋服直しの店舗の内装は作ってきたけど、ビルを建てたときはさすがに大変だった。使う建築資材の量も桁違いだし、それの手配はもちろん、設計図を引いて強度計算もしないといけないし、法規もちゃんと満たさねばならない。資材の搬入から配管、配線、あらゆる知識を総動員しておばちゃんたちと一緒に作った、いわば愛の結晶である。

「社長は本当になんでも自給自足なんですね」

櫻井さんの言葉を聞いてなるほど、と思った。経営者として絶対に自分が損するやり方はしないというポリシーがあるし、自分でやったほうが安く上がるからそうしてきたけれど、そうか、自分がやっていることは〝自給自足〟なのか。

こうしてスタンディングで１００人規模のライブハウス「ＪＡＧＵＡＲ ＣＡＦ

E」をオープンさせてからは、そこで定期的にライブを始めた。毎回「HELLO JAGUAR」でライブの告知もしているおかげか、ありがたいことに連日満員のお客さんが来るようになった。やっぱり圧倒的に多いのは中高生のようだ。若い感性に刺さったのかもしれない。


その後、ほどなくして櫻井さんから新たな提案があった。

「これだけ人気が出ているんですから、せっかくですし、関東の他のUHF局でも流してみるのはいかがでしょう?」

なるほど、乗ってみることにした。テレビ神奈川とテレビ埼玉をカバーできたら、UHFアンテナを取り付けているかどうかは別として、首都圏の人口のかなりの部分を網羅できてしまう。しかも格安で。

そんなわけで千葉テレビに一括でお願いして、テレビ神奈川とテレビ埼玉でも放送するようになった。首都東京の包囲網の完成だ。これで事実上、電波の受信状況が良ければ、東京のだいたいどこでも「HELLO JAGUAR」を観ることができる。さらにテレビ神奈川の人気音楽番組「ミュージックトマト」や、テレビ埼玉の「SOUN

D SUPER CITY」には、アルバムの30秒CMを打つことにした。

そしてこれが功を奏してか、やがて関東一円の視聴者からハガキが届くようになって、様々なメディアにも取り上げられるようになっていく。

いよいよ世間がジャガーの存在に気づき始めたように感じた。1985年10月の放送開始から、ちょうど1年が経とうという頃だっただろうか。千葉テレビから枠の料金はいつもの値段でいいからと、初の30分のスペシャル番組「JAGUAR SPECIAL」の話が舞い込んできた。

「社長がどんどん有名になって、私らの手の届かないところへ行ってしまうよ」

従業員の木戸さんは目を丸くしている。当時のジャガーに触れてもらうべく、そのスペシャル番組で行なわれたインタビューを一部抜粋してみよう。


——最近他のテレビ局や週刊誌などによく取り上げられていますね。

「まあ、ジャガーのことにみんな興味持ち出したんじゃないですかね。それでだと思います」

——ロックは何年やっていますか？

「ロックはもう10年以上やってますね。作曲は夜中が多いですね。昼間ですとどうしても気が散っちゃいますのでね」

——ボーカル以外に何か楽器はやりますか？

「ボーカルの他にはですね、ハーモニカ、ギター、シンセサイザー、それからデジタルドラムス、そんなとこですかね」

——ミキサーやミックスダウンも？

「ジャガーが全部やってしまうんですよ。マスターテープは16チャンネルから2トラックの2トラサンパチっていうテープにまた編集し直すんですけど、そういう作業も全部ジャガーがやります」

——録音はどちらで？

「録音はですね、ジャガーの専用のスタジオがありまして、そこで好きなときに録音してしまうんです。気の向くままですね。ですから夜中でも朝でも今でも好きなときにできます。ただギターとかベースとか、他のミュージシャンを呼ぶ場合は昼間の時間が多いですね」

――ギターやベースの録音方法は？

「楽器によってなんですけど、ギターやベースは比較的ライン録りが多いですね。まあマイクで録る場合もありますけどね、ドラムとか生ギターとかはね、そういうのはマイク録りしかできないんで、そういうやり方にしますけど」

――レコードのジャケットのデザインもジャガーが？

「ジャケットデザインもジャガーがやります」

――レコーディングのときにパンチインはするんですか？

「やっぱり演奏をミスしたときとかですね、どうしても一部を入れ替えたりはよくやるんですよ、パンチインっていうんですけどね」

――じゃあ、ボーカルはいつ歌うんでしょうか？

「気の向くままなんですけど、例えば歌いたくなれば朝早くでも深夜夜中でもですね、昼間でも朝でもね好きなときに歌います。それでいい録音ができればそれを使うことになりますね。まあ自分のスタジオを持ってますので比較的恵まれてますね」

――ではプライベートなことをお聞きしたいと思います。ジャガーは独身でしようか？

「そうです、独身です」

――ロックをやってると女の子にモテる？

「そうですね、少しはモテるみたいですね」

――血液型は？

「血液型はわからないんですよ。今度調べてみます」

――本名は？

「ジャガーです」

――メイクはどうしていますか？

「最初の頃はメイキャップ専門の人にやってもらってたんですけど気に入らなくて、今はジャガーが自分でやってます」

――趣味は？

「趣味はもちろん音楽なんですけど、あとスキーとか、素潜りとかね」

――すごい化粧をして外を歩いてて恥ずかしくない？

「もう慣れちゃってるから平気ですね」

――体重と身長は？

「体重は50kgくらいです。身長は168cmですね」

――どこに住んでいますか？

「それは秘密です」

――さっき外ですごい外車を見たんですが。

「あれはジャガーの車です」

――サインも自分で考えられたのですか？

「そうです」

――普段着のファッションは？

「ステージ衣装とは違いますけど、まあ似たような格好してますよね」

――今一番したいことは？

「コンサートを今企画中なんですけど、1000人から2000人の大会場をですね、超満員にしたいですね、それが今一番したいです」

――ロックをやっている人へ一言。

「中途半端なことでね、くじけないで絶対最後まで頑張ってほしいね。どうしても途中でやめちゃう人が多いですけどね、ジャガーのように頑張ってほしいなあ」

――これからもロックを続けていきますか？

「はい、もうジャガー頑張りますよ。絶対続けるからねえ」

――どういう方向に？

「今ね、週刊誌とか雑誌とか他のテレビ局なんかでもね、ジャガーのことがかなり取り上げられましてね、だいぶ盛り上がってきてますんでね、それをうまく盛り上げていこうと思ってるんですよ。あとはまあいい曲をやって、いいライブをみんなに聴かせるっていうかね、それが絶対だと思いますけどね」

――最後に、ロックは何だと思いますか？

「ロック……それはよく聞かれるんだけどね。ちょっと言葉では言い表せないようなね、ロックをやった人じゃないとわからない。一種独特のまあ、ステージに立つと自分が別人のようになっちゃうし、歌ってるときの陶酔感とかいろいろありますよね。まあちょっと言葉では言い表せない。もう体験してみるしかないって感じだね」

このスペシャル番組の直後にセカンドアルバムとなる『JAGUAR SECOND』をLPレコードとして発売したところ、番組人気のおかげでほぼ完売させることができた。もちろんそのキッカケとなった『JAGUAR FIRST』も『ブレイキン・オン』も完売。当初の目的を見事達成できたのだった。

このインタビューでも触れられているとおり、この頃は櫻井さんに言われてようやく本格的に腰を入れるようになったライブ活動を頑張っていて、定期的に自前のライブハウス「JAGUAR CAFE」でやるだけでなく、誘われて他のイベントに出たり、千葉県教育会館など500〜1000人くらい収容できる規模の会場でのライブもするようになった。

そこによく妹や姉がサクラとして花束を持ってきてくれた。

「前列で女子大生たちが踊ってるじゃない！　人気が出てきたのね」

身内にそう褒められて、悪い気分ではない。

「お父さんは？」

「あそこでまだ絵を描いてるよ」

父もよく来てくれた。中学校の教師を定年退職して悠々自適の生活に入っていた父は、長浦の家を売って、本八幡から比較的近くなった北習志野に母と2人で住んでいた。そのため、よくライブにイーゼルを持ってきてはフロアにそれを立てて、楽しそうにジャガーの絵を描いていた。その姿を見ると、ささやかな親孝行ができているようでうれしかった。

池袋の豊島公会堂や新宿、渋谷、芝浦、横浜、大宮など、千葉県外でもライブをすることが多くなった。それに伴って見た目もだんだん派手になっていき、最初はプロにお願いしてメイクをしてもらっていたけれど、それもいつしか自分でやるようになった。本当に何でも自分でやらないと気が済まないタチなのだ。

ファッションの街、原宿にもよく行った。セカンドカーとして所有していた赤のフエアレディZで月に1回、原宿ホコ天通りまで行ってライブをしては、その帰りに買い物をしたものだ。まだホコ天バンドブームの直前で竹の子族がいた頃だったと思う。その爆買いのせいで自宅にある8畳の衣装部屋は服でパンパンになっていた。

1986年に『JAGUAR SECOND』を出した頃。

しかし、あれだけいろんな服がある原宿にもかかわらず、なぜか靴だけは理想のものがなかったのをよく覚えている。ジャガーはヒールの付いた靴を愛用しているのだけど、5㎝では低すぎるし、15㎝では高すぎて歩きにくい。そこで、その中間の10㎝のヒールがどうしても欲しかったのだけれども、どうしてもそれが原宿で見つからなくて苦労したのだ。

もうこの頃のジャガーの見た目は、今とほぼ変わらない完成形になっていたと思う。同時にたくさんのメディアに取り上げられるようになって、これ以降が、おそらく世間が知っている〝ジャガーさん〟になったのだろう。先のインタビューに出てくる〝すごい外車〟、ファーストカーである白のシボレー・コルベット・スティングレイに乗って颯爽と本八幡駅前に登場する姿が、テレビ朝日の深夜番組「トゥナイト」で全国放送された。

第一〇章 宝島

「HELLO JAGUAR」が千葉テレビ・テレビ神奈川・テレビ埼玉の関東ローカル3局放送になった1986年には、実にいろんなメディアでジャガーが取り上げられるようになった。

先んじて口火を切ったのは、サブカル雑誌「宝島」だった。

前略、毎週水曜日夜6：55頃、千葉テレビで放送されている「HELLO JAGUAR」という番組が凄い。いきなりメタルの様な格好をしたオッサンが〝ハロー！ ジャガーです、みんな元気〜！〟と我々をあおりたて、バンドで演奏するのだが、これが全くのレゲエでカラオケのようなディレイや、4〜5年前のコルグ・ポリシックスとかあって泣かせてくれます。曲は5／7は〝船橋・市川の娘〟でした。千葉の高校生の間ではこのカルトTVが大流行していて、インディーズを超えたと評判です。

——「宝島」1986年7月号

「宝島」で最初に取り上げられたのは、巻末の読者投稿コーナー「VOW」に寄せられた千葉県在住の読者からのお便りだった。それに対して編集部は「♨他にも同じ内容の投書が2通来たこの〝ジャガー〟とは何者なんでしょか。調べよう」とコメント。そして翌8月号において次号で詳細をお伝えすると予告し、9月号にそれが掲載された。

読者からの投書によってその存在が発覚した千葉テレビの謎の五分間ロック番組〝ハロー!ジャガー〟に関して、千葉県方面から続々と投書が送られている今日この頃ですが、皆さんいかがおすごしでしょうか?とノンキしてる場合ではない、その〝いきなり「ハロー!ジャガーです!」と言ってブラウン管に登場する〟ジャガー氏についての詳細なレポートが届いたのである。送り主は千葉市の野田修君。そのレポート用紙3枚の報告によると、ジャガーなる人物は、喫茶店、洋裁店を経営しつつ、ジャガー・レコードを設立。さらに千葉テレビの枠を5分間買い取って(ここがポイント)自らの番組をスタートさせたという人。その戦略は千葉テレビから最近ではテレビ東京にまで進行、東京地区でもロックTVのCMでジャガー氏に会える事になった。上の写真は野田君が入手したサイン。さて、ジャガー氏の音楽とはいったいどういうのか?次号につづく！

——「宝島」１９８６年9月号

その詳細なレポートには、ライブ中のジャガーの写真とともに、サイン色紙とビル1階の看板の写真まで掲載されていた。きっと「ＪＡＧＵＡＲ ＣＡＦＥ」に来てくれたお客さんが投書したのだろう。そういえばこの頃、ほんの短期間ではあったけど、テレビ東京の「ＴＯＫＩＯロックＴＶ」の枠にセカンドアルバムとなる『ＪＡＧＵＡＲ ＳＥＣＯＮＤ』のスポットＣＭを流していた。

さらにその翌10月号の「宝島」にもジャガーの記事が掲載される。今度は「ＶＯＷジャガー研究室」と銘打たれており、半ばレギュラーコーナーと化していた。

写真でご覧の通り、格好はまるでヘヴィメタのジャガー氏だが音楽はわりとオーソドックスなロックでして、時折レゲエのようなカッティングのフォークのような歌詞が特徴的。強いて言えば、スライダースとシオンと高田渡とスパイダースを足して10で割った、というところでしょうか。曲とタイトルは『エメラルドの瞳』『恋は去年の秋に終わり』『ディスコのバンドはスローテンポ』

『愛はヒョウの様』、そして『船橋・市川の娘』は♫行徳から本八幡までとローカルな歌詞も見られカルト色を強くしている。読者からのさらなる報告を待ちたい。

――「宝島」1986年10月号

SNSなどがないその時代、自分の音楽についての感想は雑誌に載るレビューがすべてだったので、ジャガーはそれが楽しみで仕方がなく、出ると貪るように読んだ。音楽専門誌の『MUSIC MAGAZINE』にはこう書かれていた。

千葉テレビの番組も見ました。キンキラキンの衣装つけて、すごいエコーかけて出てくるんです。

「こんにちはー、JAGUARでーす！　今日はLP『JAGUAR FIRST』の中からー、『船橋・市川の娘』をやりまーす！」

で、曲がまた気だるくっていい。格好から考えるとどうしてもヘビメタを想像するんですが、あの土臭さはディラン系統のものです。足を根拠もなくヒョイとあげる〝ジャガー・アクション〟もカッコよく、僕は一発でしびれてしまいました。

——『MUSIC MAGAZINE』1986年10月号より

さすが音楽専門誌、ジャガーが最も影響を受けたミュージシャン、ボブ・ディランの影をそこに感じ取るとは。しかし、大半のメディアにとっては、ジャガーの音楽性というよりも、キャラクターのほうに関心があったようだ。

過去2カ月間にわたりその過激な実態を読者からのレポートとしてもらってきた千葉の謎のロック・ミュージシャン〝ジャガー〟だが、ナント！ テレビ朝日「トゥナイト」の取材により、その姿がお茶の間にオンエアされてしまった。この番組はかなりツッコんだ内容で、一部関係者からは「うーむ、あそこまでTVに出されるとも一ネタが無いかナ」という声も聞かれるが、ところがどっこい大作、チェックの厳しいVOWの読者からはさらにジャガーのレポートが届いておりさすが流石としか言い様がない。

まず、港区、田中航一ちゃんから届いたのは、シティロード8月号に載ったジャガーのライブ広告であるが、ジャガーの番組「ハロー・ジャガー！」を自ら〝絶賛放映中！〟と言い切っているのはオチャメというものであろう。その下は千葉県の先日はありがとうございました。いいえこちらこそ。という長ったらしいペンネームの女の子から届いたモノなのだが、なんとジャガー氏の経営する洋裁店と看板屋さんの求人広告と思われる物件である。ここに勤めるとジャガー氏とはかなりお近づきになれる、ハズであります。それにしても〝アート美術〟というネーミングは凄い。女の女医さん。

さて、ラストは差出人不明、〝ビデオサロン〟という雑誌の3月号に出ていたというジャガー氏所有のビデオ機材！　オー、これは豪華だ。こうしてあの〝ハロー・ジャガー！〟は作られるワケだな。うーん、金持ちなのだろーか？と！その実態が解れば解る程に謎は深まるという逆三段スライド方式のジャガー。さらなるレポートを待つ！

――「宝島」1986年11月号

例の白いコルベットを本八幡駅に乗り付けた「トゥナイト」の話が書かれている。実はこれにはジャガーのバイト先だった下総中山の電器屋、イトーヤまでもが登場している。あと「シティロード」はコンサート情報誌で、ジャガーはそこにちょこちょこライブの告知を掲載していた。ちなみに〝逆三段スライド方式（正しくは、三段逆スライド方式）〟は、当時テレビでオンエアされていた伊豆の「ハトヤ大漁苑」のCMで謳われていた文句で、釣れば釣るほど安くなるという釣り堀のこと。おそらく釣り上げたジャガーネタが豊富であればあるほど謎が深まる……という意味で使っているのだろう。

この他にも実に様々なメディアで取り上げられたけれど、やはり「千葉のジャガー」という文字とともに「ヘビメタ社長」「年商２億円」といった見出しばかりが躍ることとなった。

キミは謎のヘビメタおじさんを見たか!?
千葉県出身の和製ジャガーに話題騒然
——「ザテレビジョン」１９８６年10／24号

目指せ、ロック・コンツェルン！
年商２億円のパワーで爆走する、千葉の〝ジャガー〟
——「ソフトフォーカス」１９８６年12月号

オレは千葉のミック・ジャガー
金髪姿、勝手にデビュー、自前のカフェで絶叫　――「夕刊フジ」1987年3/19

新人類・インタビュー
ロックは俺の命、ヘビメタ社長かく語りき　――「おとこの元気塾」1987年8月号

今、改めて記事を読み直してみると、社長が財力に物を言わせ、番組を買い取ってロックをしているという紹介のされ方が多い。それまでのロックといえば、貧乏を我慢し続けて矢沢永吉のように〝成り上がる〟ものだったけど、それとは真逆のルートを辿ってロック界に現れたジャガーは、「上がり成り」や「ロック界の田中角栄」と呼ばれるようになった。

ロッカーになって成り上がるなんていうのはもうダサイのかもしれません。それよりは、ビジネスで成り上がって、それからロッカーに。こっちのほうが、

どう見たってチャンスがありそうだし、大イバリで好きなことをやっていられる。

――「週刊プレイボーイ」1986年9／9号

これら紹介記事を読んで、反感を持ったロック好きもいたと思う。〝金持ちの道楽〟と思った人もいるかもしれない。今でこそZOZOTOWNを創業した前澤友作氏のように元バンドマンだった社長や、ロックを続けている社長も珍しくなくなったけど、当時、社長ロッカーはまだ珍しい存在で、ある種のイロモノとして見られる部分もあった。

それに当時は日本国中に「財テク」や「土地投機」など、お金に敏感な雰囲気が充満していた。「ビジネスで成功してからロッカーになったほうが、チャンスがありそうだ」という先ほどの記事の一文は、まるでその後続く狂乱の時代、バブルの予兆であるかのようにも見える。

1986年10月にテレビ東京で放送されたジャガーのドキュメンタリー番組「青春ING　花の社長はヘビメタロッカー」もまた、社長という側面に焦点を当てたものだった。番組冒頭のナレーションはこう始まる。

ここは千葉県市川市内。今、ある洋裁チェーン店の経営会議が行なわれています。店舗数20軒、従業員総数100名、年商ざっと2億円のこの洋裁チェーン店。おりからの不景気を乗り切るべく、各支店から店長を招集しての厳しい会議。踵の高いロンドンブーツに、スリムなジーンズ、そして真っキンキンの長髪、腕には鋲打ちリストバンド……とくれば、もうどこから見ても立派なヘビーメタル。何を隠そうこの方、このチェーン店の社長さんなのです……。

この番組の一部が今、ネットに上がっているのだが、そこにX JAPANのhideの姿を見ることができる。正確にはX JAPANのギタリストになる前の年のhideだ。ジャガーが経営していた鬼越の看板工場「アート美術」で働いていた彼は、その番組でも青いつなぎを着て作業をしている。しっかり働く、とても真面目な子だった。X JAPANのベーシストだったTAIJIも実家が本八幡の近くで、ジャガーの喫茶店かどこかで働いていたと聞いたこともある。

その縁でTAIJIとhideが仲良くなって、X JAPANに入ったのかどうかまではわからないけれども、X JAPANを最初に始めたYOSHIKIとToshiといえば千葉の館山の出身。千葉県側の東京湾の入り口にある街だ。一方のhideは神奈川の横須賀出身で、こちらもまた神奈川県側の東京湾の入り口にある街。両者がそれぞれ右と左から東京湾をぐるっと北上して、中間地点である本八幡で出会うことになったのかもしれないと考えるとなんとも面白い。

そういえば、そのテレ東の番組のわずか2年後、新宿ツバキハウスで行なわれた「コンプティーク」（角川書店）の忘年会に呼ばれてライブをしたときに、客席のほうからひときわ大きな声で、

「社長〜！　社長〜！」

と、シャウトしている男がいた。よく見たら、誰がその場に呼んだのやら、酔っ払っているhideだった。その頃の彼はもうX JAPANでバリバリ活躍していたけど、看板工場ではジャガーのことを「ジャガーさん」ではなく、「社長」と呼んでいたからそうシャウトしたのだろう。hideは看板工場から数年も経たないうちに、

日本を代表するバンドマンの一人になった。でも彼はあの頃と何も変わらない顔をいつも見せてくれる。その後もたまにご飯を食べに行く機会があったけど、そこでもずっと「社長」と呼び続けてくれた。

思えば、当時は第二次バンドブームの真っ只中。ジャガーをたびたび取り上げてくれた雑誌「宝島」も、聖飢魔Ⅱやザ・ブルーハーツをはじめ、メジャー、インディーズひっくるめたバンド紹介やライブ告知のページで埋め尽くされていたし、ナゴムレコードの手書き広告も含めて、なんだかバンドマンたちのらくがき帳のような雑誌だった。

そんなむせ返るような空気の中、ジャガー自身、特に支援していたつもりはなかったけど、「ＨＥＬＬＯ ＪＡＧＵＡＲ」や「宝島」など、いろんなメディアでジャガーの姿を見て、ジャガーのところに行けばなんとかなると考えたのだろう。

そこに行けばとりあえず仕事もあるし、ライブもできるし、新しいバンドメンバーも集まるかもしれない。ひょっとしたらジャガーのパイプによって何か業界とつながれるかもしれない。すでに働いているバンドマンの紹介で、新しいバンドマンたちが続々と入ってきて、そんな彼らにジャガーはよくご飯をおごるようになった。

「なんだか息子がたくさん増えたみたいで楽しいですねえ」

洋服直しの従業員の木戸さんはそう言って、髪の毛がツンツンに逆立ったバンドマンたちを眺めている。ジャガーが作ったカレーをおいしそうに頰張る若者たち。今でも月に一回開かれている、ジャガーカレーの会はこうして自然に始まっていったものだ。


ジャガーは「JAGUAR CAFE」に続き、2店舗目となるライブハウスを松戸の馬橋にオープンさせることにした。当時、千葉県最大規模を誇った「CLUB MIX」（キャパ500人）だ。「MIX」という名前をつけたのは、ライブもダンスもできる、なんでもできるゴチャ混ぜの箱という意味を込めつつ、また語呂もよかったのが理由だ。

国道6号沿いの空きテナントのあちこちからドリルの音が聞こえてくる。それを片手にコンクリートに穴を開けているのは、いつもはミシンをかけている洋服直しの従業員たち。

「社長、私らは今いったい何を作ってるんですか？」

作業中のおばちゃんに聞かれる。しかし、「またいつものことか」という顔をして、それ以上は聞いてこない。ジャガーは自分で引いた図面を見ながら、あちこちへと指示を出し、難しい電気配線や溶接などを担当した。

いつものことながら、そうして「ＣＬＵＢ ＭＩＸ」もＤＩＹで一から作り上げたので可能な限りコストを抑えることができた。そのため大きな会場のわりに値段を安く設定できて、たちまち千葉じゅうのバンドマンの間で評判となった。

ちなみに、初めて作ったロック喫茶兼ライブハウスの「バンド・オブ・ジプシーズ」にお客さんとして来てくれたサエキけんぞうさんは、もうその頃にはすでにハルメンズやパール兄弟としてデビューしていて、ロックと同じくらい盛り上がっていたテクノシーンでも大活躍していた。ジャガーより15歳くらい年下の彼は、ジャガーをどこよりも早く取り上げてくれた雑誌「宝島」界隈の人でもあり、また、すぐ近所に住んでいたことから、よく機材の見学をしにうちのスタジオにやってきた。

「すごい機材ですね！　でも、もっとすごいのは、全部のボタンやケーブルにいちいち〝テプラ〟が貼ってあること！『音量上げる』とか『音量下げる』とか、コンプレッサーには『音声圧縮装置』とまで！」

自分でも不思議だけれど、ジャガーはひとつひとつにテプラでラベリングしないと気が済まない性分なのだ。

そんな具合で、この頃になるとジャガーばかりか、周囲にいた音楽仲間たちもどんどん世の中で注目されるようになっていった。重ねて言うけど、ジャガー自身、ミュージシャンを特別に支援していたつもりはなく、ただサエキさんやｈｉｄｅのようになんとなく仲間が勝手に集まってきて、みんなで楽しくやっていただけなのだ。

さらに、その頃の本八幡にはＪＡＧＵＡＲ ＣＡＦＥ以外にもＲＯＵＴＥ ＦＯＵＲＴＥＥＮというライブハウスもできていた。のちに本八幡サードステージも加わって、江戸川を越えたらもう東京という立地から、東京のアマチュアバンドもたくさんこっちにライブをしに来るようになる。本八幡は、東京と千葉のバンドシーンが交わる接点であり、いつしか千葉のライブシーンの中心地のひとつにまで成長していったのだ。

「高校時代によくＪＡＧＵＡＲ ＣＡＦＥでライブやりましたよ。チケット１枚５００円でノルマも30枚くらいしかなかったので、駆け出しのバンドマンにとても優しかったです。でも、そこでうまくいくと次のステップとしてROUTE FOURTEENを目指しちゃうんですけどね」
昔、音楽をやっていたという人が、おじさんになってそうジャガーに思い出を語ってくれた。この野郎と内心ちょっと思った。

バカ！　気をつけろ　どこを見てやがる
地底をうろつく　ハイエナどもが
お前を求めて　付け狙い　追いかける
ほら！　ダメだ　何をしてやがる
JAGUARはPOWERで　お前をガードする
お前はだまって　JAGUARについて来い

バカ！　何やってんだ　デレデレするな
邪悪と偽りが　突如現れて
お前を犯そうと　現れてきやがる

クソ！　どうした　早くしろよ
ＪＡＧＵＡＲはテレパシーで　敵から守ってやる
お前らまとめて　ＪＡＧＵＡＲについて来い

オレは　感じる　悪魔の臭い
耳を利かせて　GHOST HUNTING

さあ　見つけたぜ　怪獣がいた
奴はサイボーグ銃を構えた　捕まえたぜ！

バカ！　早くしろ　のんびりしやがって
巷にウヨウヨと　悪魔どもが
お前を探して　出没しているぜ
早く！　急げよ　追いかけてくる
ＪＡＧＵＡＲはバラバラに　奴らをやっつける

お前はだまって　ＪＡＧＵＡＲについて来い
俺は探す　妖怪の足跡
六感を　ＳＨＡＲＰに　DEVIL HUNTING
OK COME ON NOW
妖怪が出た　ＦＩＧＨＴしようぜ
かかってこい

やっつけたぜ！

——『だまってＪＡＧＵＡＲについて来い！』より

JAGUAR CAFEの天井のコテ模様が懐かしい。
従業員のみんなと作った思い出。

第二章 同級生

しかし、よくもまあ「HELLO JAGUAR」を毎週毎週作ったなと改めて今、自分でも思う。とにかく膨大な量で本業と一緒に回していくのが本当に大変だった。おまけにライブ活動までしている。しかしジャガーは毎日夢中だったので、基本的にとても楽しかったことしか覚えていない。

1987年の2月には後楽園球場内特設ステージで『子どもたちのCity』と題したフェスが開催され、そこにレピッシュやアンジー、そして平沢進率いるP-MODELに混じって、雑誌「宝島」の人に誘われたジャガーも出演することになった。そこにまだ電気グルーヴになる前の「人生」、大槻ケンヂくんの「筋肉少女帯」、田口トモロヲさんの「ばちかぶり」、そして「泯比沙子&クリナメン」といったナゴムレコード系のバンドがたくさん出ていた。

「ジャガーさんこそ、真のインディペンデントだ」

その日初めてお会いした田口トモロヲさんはそう言ってくれた。まあ、ジャガーは誰に頼ることもなく自分のお金でプロモーションまでやっているから、たしかにそのとおり、真のインディペンデントなのかもしれない。

あと、「GO-BANG'S」や「パパイヤパラノイア」といったガールズバンドも多くて、今から考えると時代を感じる。ロックとテクノとガールズパワーでなかなか豪華なイベントだった。

ちょうどこの頃、その後のジャガーにとってとても重要な出会いがあった。みうらじゅんさんだ。何もない状態からロックスターへと上り詰めた矢沢永吉の「成り上がり」にかけて、ジャガーを「上がり成り」と名付けたその人である。

みうらさんは「HELLO JAGUAR」が始まった頃からジャガーの存在を知ってくれていたようで、出身校である武蔵野美術大学の数人の仲間たちの間で、話題になっていたらしい。しかし、当時のみうらさんの家では千葉テレビが映らないために、録画で観たのが最初だったのだそうだ。

やがて、奇しくもみうらさんが連載をしている雑誌「宝島」の読者投稿コーナーでジャガーがたびたび取り上げられるようになり、ある日、みうらさんがやっているラジオ番組に呼ばれることになった。ラジオたんぱの「どんなもんだハウス！」という番組だ。

現場に行ったら、聖飢魔Ⅱのデーモン閣下もいた。お互いの出で立ちに目を見張る。

「ラジオだから張り切った格好はしなくていいですよって言ったのに！」

バッチリ正装を決め込んだデーモンさんとジャガーの横で、みうらさんがゲラゲラ笑っている。それに対してデーモンさんと一緒に口を揃えて、

「これが真の姿なのだ」

「ＪＡＧＵＡＲ星人はこれが皮膚だから」

と、言うと、

「ああ、そうでしたね。失礼しました。むしろ自分が普通の地球人の姿であることにドキドキしますよ」

みうらさんはとてもうれしそうだ。たしかに当時、こんな見た目をしていた存在は、デーモンさんとジャガーくらいしかいなかった。そりゃこの二名を対面させたくなるだろう。

こうして南極まで届く短波に乗せて、デーモン閣下VSジャガーという生放送が始まった。まずデーモンさんが聞いてくる。

「お前はどこから来たんだ？」

「あ、JAGUAR星です」

「いったいどうやって地球まで来たのだ？」

「宇宙船JAGUAR号で来ました」

すると〝悪魔〟は、意地悪そうな顔をしてこう聞いてきた。

「ではそのJAGUAR号は、どんな燃料で動いているんだ？」

「…………」

まさかの質問に詰まってしまった。みうらさんのほうへ視線を送ってみる。しかしみうらさんはサングラスをかけているので、こっちを見てくれているのかわからない。

「……核燃料です」

苦し紛れにジャガーが答えると、悪魔はほくそ笑む。そして次々と〝設定〟の甘さをついてきたのだ。

「地球まで乗ってきたJAGUAR号は今、どこにあるんだ？」

「え、あ……」

「千葉のどこかに埋まってるんですよね？　ジャガーさん」

「そ、そうです」

みうらさんが助け舟を出してくれた。しかし悪魔の追及は一向に収まらない。

「千葉のどこかとは、いったいどこなんだ？」

「えー、市川とか船橋とかそのへんで……」

脇の甘い箇所をどんどん突っ込まれてしまった。いや、悪魔の悪い問い詰めによって、思わずジャガーの素性が明かされてしまったと言うべきだろう。悪魔は最後に問いかける。

「お前はいったい何者なんだ？」

「……良い者です」

「何のために地球まで来たのだ!?」

「あ、愛と平和のため……」

こうしてデーモン閣下　VS　ジャガーは終わった。途中で心臓が止まりそうになる

デーモンさんと。
ラジオ出演であってもフル装備は二名にとって当たり前。

くらい長い長い戦いだった。疲れ果ててぐったりしたジャガーをよそに、

「『HELLO JAGUAR』をいくら観ても一切わからなかった全貌がこれでわかった！」

と、みうらさんは大喜び。そして事前に提出したジャガーの手書きの履歴書を読み返して大爆笑をし始めた。お恥ずかしい話、〝影響を受けたアーティスト欄〟に書いた矢沢永吉の「永吉」の字が「氷吉」になっていたのだ。

「えーちゃんじゃなくて、ひょーちゃん！」

「JAGUAR星ではそう書くんですよね」

すかさずみうらさんがフォローを入れる。こうしてさらに〝設定〟は膨れ上がっていった。

このラジオ対談の模様は、みうらさんのイラストとともに後日「宝島」でも掲載された。あとで聞いたら、みうらさんが無理やり編集担当から奪い取ってきたページらしい。そして今度は、その記事を読んだという映画監督から取材のお願いの連絡をもらうことになった。名前は河崎実さんという。

彼は今でこそバカ映画の巨匠として知られているけど、当時は初監督作品として『地球防衛少女イコちゃん』というオリジナルビデオを撮っていた。その頃は世間にビデオデッキが普及したばかりで、レンタルビデオ店が爆発的に増えていたため、オリジナルビデオ作品というジャンルが急成長していたのだ。

河崎監督は何でもありのゲーム雑誌「コンプティーク」で「アイドルMTV」という連載、つまり実際にアイドルのPVを撮って、その模様を誌面にするというなかなか先駆的な企画をやっていて、みうらさんの「宝島」のページを読んだことをキッカケに「HELLO JAGUAR」を視聴。衝撃を受けて、アイドルMTVの特別編としてジャガーのPVを撮りたいと申し出てきたのだ。

「ごめんください……」

従業員の木戸さんがせわしなく洋服直しをしている向こう側から、

河崎監督がひょっこり顔を出す。

「はい、お直しでしょうか？」

「あ、いや、あの、洋服直しのほうじゃなくて……」

困惑している河崎監督の雰囲気を察知して、奥に座っていた自分は立ち上がった。

「私でしょうか?」

「あ、ジャガーさん！　河崎です」

わざわざ本八幡まで会いに来てくれた彼をスタジオに案内してお茶を出すと、ジャガーとの初対面にちょっと緊張しているのだろうか、あっという間にそのお茶を飲み干した。

「…………」

「…………」

お互い特に会話もない。空気を和らげようと思ったジャガーは神妙な顔をして座っている彼に、未発表曲『だまってＪＡＧＵＡＲについて来い！』を聞かせてみることにした。

「すごい！　名曲ですね！　ぜひそのＰＶを撮らせてください！」

たちまち彼は興奮した。

「植木等の曲のオマージュですか?」

「何のことですか?　知りません」

聞かれたけど知らないのでそう答えた。こうして『だまってＪＡＧＵＡＲについて来い！』のＰＶを「コンプティーク」の企画として河崎監督が撮ることになった。

それから数日後、彼は『地球防衛少女イコちゃん１』に出てきたペンタザウルスという怪獣の着ぐるみをわざわざ自宅から引っ張り出して再び千葉までやってきて、ジャガーを幕張の海岸まで連れ出した。

「ここで撮影しましょう！」

広大な幕張の埋立地にはまだ何もなく、あるものといえば墓地とゴミ処理場と精神科病院くらい。あとで建てようとすると反対運動が起きそうなものばかりが先にできていた。海風が吹き付ける中、ジャガーは歌いながらその怪獣と戦うのだけど、最後は曲のタイトルどおり、怪獣はだまってジャガーについてくる。撮影後の編集は、うちの機材がどこのスタジオのものよりもいいものが揃っているということで、河崎さんが本八幡まで来て編集することになった。

この河崎バージョンの『だまってＪＡＧＵＡＲについて来い！』のＰＶのタイトル

は、往年の円谷特撮作品『ウルトラファイト』へのオマージュを込めて、『ジャガーファイト』として発表される。

「だってどちらも尺が5分じゃないですか」

そう言っていた河崎監督。彼はかねてよりとにかくウルトラファイトが撮りたくて、ジャガーのPVとしてそれを実現したというわけだ。題字は達筆で知られる彼のお父様によるものらしい。

もちろんせっかく撮ってもらったものなので、これは「HELLO JAGUAR」でも繰り返し放送した。当時はまだYouTubeはもちろんのこと、MTVやスペースシャワーTVといった音楽専門チャンネルすらない時代。自分の番組で流す以外に、映像を世間に見せる方法がなかったのだ。

この縁がキッカケとなり、のちに河崎監督から『地球防衛少女イコちゃん2』の出演オファーをもらって、ジャガーもそれに出演することになった。裏では、みうらさんからの猛プッシュもあったようだ。監督いわく「ジャガーさんの場合は、メイクと衣装がいらないから撮影も楽だし」とのことで、ジャガー本人役として出演した。

幕張の埋立地で『ジャガーファイト』の撮影。
当時、周りは何もなかった。

ちなみにこの作品で主演を務めた増田未亜さんとは、担当する曜日は違うが、その頃からレギュラーでジャガーも出るようになっていたテレビ朝日の子供向け番組「パオパオチャンネル」でも一緒になった。火曜日レギュラーだったジャガーは短編ヒーロードラマの主演をやったり、「出前ジャガー！」というコーナーで子どもたちの願いを叶えたり、横断歩道を渡る世話をしたり、ドッジボールなんかをした。また、河崎監督が連載している「コンプティーク」で「ジャガーじゃが」という身辺雑記的なコラムの連載もするようになり、映画館で流れる「コンプティーク」のＣＭで増田さんと共演したこともある。もちろんそれを撮ったのも河崎監督だ。

ありがたいことに、その後、みうらさんはジャガーがアルバムを出すたびに、「宝島」などでページを取ってインタビューしてくれた。ある日、「宝島」の社長室みたいな豪華な部屋に通されたジャガーは、

「偉そうにしてくださいね」

と、みうらさんに言われ、社長の机の上に足を載せて写真撮影をした。そして質問が始まる。

「今日はどうやってこちらにいらしたんですか？」

「JAGUAR星から宇宙船JAGUAR号で来ました」

いつものように答えると、みうらさんは真面目な顔をして聞いてくる。

「JAGUAR号ってどんな形ですか？」

デーモンさんの悪夢再びだ。正直そこまで考えていなくて困ったジャガーは、絵に描いてみた。みうらさんはまじまじとそれを覗き込む。

「土星みたいな円盤型なんですね。大きさはどのくらいなんですか？」

「100メートルですね」

「中身はどうなってるんですか？」

「お風呂と、プール、ベッド、サウナ、トイレ、あとは……トレーニングルームなんかもあります」

みうらさんが絡むと、必ず他のインタビューとは違うものになる。それまで何度か他でもJAGUAR星の話はしたことがあったと思うけど、いつも聞き流されるばかりで、話題は地球の仮の姿の社長業のほうに集中した。ここまで真面目に踏み込んでくる人はみうらさん以外におらず、その意味、みうらさんはＪＡＧＵＡＲ星人に初めてコンタクトをとった人間だと言えるだろう。


「地球の、それもなぜわざわざ千葉に降り立ったんですか？」

「いや、東京よりごみごみしてないし、川もあって食べ物もおいしいし……」

「ＪＡＧＵＡＲ号は？」

「あれは隠してあります。これを見つけられたらジャガー帰れませんから。千葉のどこかの地下に埋めてあるとだけ言っておきましょうか……」

後日、「宝島」を広げると「みうらさんだけだよ？」と打ち明けた秘密が全部載っていた。そして、最後にはみうらさんの文章としてこう書き記してあった。

「矢追さん聞いてますか？　本物の宇宙人の貫禄を僕はジャガーに感じた」

まあ、ぶっちゃけた話、ジャガーの〝設定〟はほとんどみうらさんが作ったようなものだ。いや、みうらさんによって失われし記憶が蘇ったというほうが正しいかもしれない。そしてそれはいつしか世間にも広まっていき、

「ジャガーさんいますか?」

洋裁店に飛び込みで聞きに来たファンに対して、

「今、宇宙に行ってるからいないよ」

と、従業員の木戸さんたちも答えるようになって、ファンもそれに納得してすごすご退散するようになった。そのやり取りを店の奥で聞いていてジャガーは笑ってしまいそうになる。

また、みうらさんと名古屋のライブに出たり、ゲストで対バンなんかをしたのもいい思い出だ。彼は驚きながら言う。

「ジャガーさんがすごいのは、対バンなのにカラオケというところ。それがすごく新しい」

今でこそ対バンでカラオケは普通だと思うのだけど、バンドブーム当時にそれはまだあり得なかったようなのだ。

しかもその日、恥ずかしながらジャガーはすっかり歌詞を忘れてしまい、適当にハミングしてステージを終わらせた。そしてそのままハミングしながら楽屋に戻り、忘れていた箇所が気になるあまりに、出番前に覚えるために壁に貼っておいた歌詞カードを読みながらまた歌い始めた。すると、みうらさんはそれを見てまた同じことを言う。

「ステージ上ではハミングだったのに、それが終わって楽屋からちゃんと歌うとは新しい！」

また、ある時はこんなことも言われた。

「バンドメンバーをアルバイトニュースで募集してましたよね？　それも新しい。やっぱり地球上のバンドとは違って、社長という仮の姿だからこそできた〝上がり成り〟ですね。日本のバンドブームと違って、社長という仮の姿だからこそできたバンド形態よりもはるかに進んでる」

何も意識せずやっていることなのに、みうらさんはいちいちジャガーのことを〝新しい〟と言う。なんだかそれがおかしかった。すると、今度は大真面目な顔をして、

「すべて新しいがゆえに、地球上では〝変〟って思われてるかもしれないですけど、ジャガーさんは先のことをやっているんです。先んじているものはやっぱりみんな理解不可能なんです」

と、みうらさんは語り出す。

「ローリング・ストーンズもそうですけど、一瞬不真面目に見えるものって絶対真面目だと僕は思ってるし、逆に真面目に見えるものは絶対不真面目なんだと思うんです。世の中って多分、逆転している。不真面目に見えるものって、すごく真面目にできてるんですよ」

そして彼はこう聞いてきた。

「ジャガーさんの歌い方って、ボブ・ディランですよね？」

「違いますよ。ボブが真似したんじゃないですか？」

そう返すと、みうらさんはまた喜んだ。

「ロックですね！　ちなみに以前、ＪＡＧＵＡＲ星人は岩石って言ってましたけど、ロックとかけてるんですか？」

「違いますね。ただ岩がゴロゴロある感じです」

「これはシュールレアリズムを感じますね〜！　なんかダリとかの絵が見えてきます。荒野の中のストーンサークルみたいな。ジャガーさんの言葉は本当に絵が見えてきますね。きっと画家のお父様の血筋なんでしょうね」

みうらさんは、ジャガーといると次から次へとたくさん質問が湧いてくるのだそうだ。質問に対していつも想定を外してくるのが面白いらしく、話の転がし方が天才的だと言われた。いわく、漫才としては名コンビらしい。


そして今日もみうらさんから、何かの誘いの電話がかかってくる。

「うちのジャガーはいつもみうらさんの話をしていてねえ、いつもみうらさんにお世話になっててねえ、ちょっと呼ぶからね。ジャガー！　ジャガー！」

先に受話器を取った母親に大声で呼ばれ、慌てて受話器を奪い返す。しかも実の母が「ジャガー！　ジャガー！」って……。みうらさんのお母様が「MJ！　MJ！」と呼んでいるようなものだ。苦笑しながら電話に出ると、みうらさんはまた新たな面白い遊びの話をしてくる。14歳年下だけど、まるで近所の同級生のようだ。

そんなみうらさんに敬意を表して、21世紀になったある日、『JUNとJAGUAR は同級生！』という曲を作った。みうらさんもJAGUAR星人。JAGUAR星ではジャガーと同級生だったのだ。

昔　昔にサ　遠い空の彼方
ＪＡＧＵＡＲ星という星でサ
ＪＵＮとＪＡＧＵＡＲが生まれました

ＪＵＮとＪＡＧＵＡＲはサ　小学校では同級生だった
学校の帰りに　ＪＡＧＵＡＲ湾で　クジラを釣ったたっけサ
中学生の頃に　ＪＵＮのペットはゴジラでサ
ＪＡＧＵＡＲのペットはキングコング
一緒に散歩させたっけサ　イエ〜〜〜〜
高校生の頃にはサ　ＪＡＧＵＡＲカーで宇宙を　ぶっ飛ばし
たまには地球までサ　ドライブしたっけサ

昔　昔にサ　遠い空の彼方
ＪＡＧＵＡＲ星という星でサ
ＪＵＮとＪＡＧＵＡＲが生まれました

——『JUNとJAGUARは同級生!』より
「記憶にないです」

みうらさんの感想の第一声はこれだった。

「記憶は消されているから」

そうジャガーが言うと、みうらさんはちょっとうれしそうな表情で言葉を続けた。

「正直、涙が出そうになりましたよ。でも、僕が連れてるペットがゴジラで、JAGUARさんが連れてるペットがキングコングってところに、ちょっと年齢の開きを感じました。同級生じゃないだろって。僕の世代のゴジラは『三大怪獣』からだったから、きっとジャガーさんの地球の仮の姿は『キングコングVSゴジラ』を観た世代だったんだろうなあって」

相変わらず細かいところによく気がつく人である。しかし、JAGUAR星には年齢はない。JAGUAR星人はJAGUAR星では石っころの存在、ライク・ア・ローリング・ストーンだ。みうらさんもジャガーも石っころだったのサ。

第三章 悲しい手紙

世はバブル絶頂である。

1988年に京葉線が新木場まで開通して、東京都内まで行けるようになった。翌年には幕張メッセが、続いて千葉マリンスタジアムも開業して、いつしか広大な埋立地にはモザイク状に真新しいビルやマンションが立ち並ぶようになりつつあった。当時はウォーターフロントという名前で、東京湾岸エリアが持て囃されていた時代だった。

その間に、世を忍ぶ仮の本業のほうも忙しくなり、ついに洋服直しの支店数は千葉を中心に東京や神奈川まで、30店を数えるようになった。材料が足りない、ミシンが壊れた。そんな連絡が支店から入ると、ジャガーはすっ飛んで行って補充をしたり修理をしたりする。

支店に詰めているパートのおばちゃんたちもみんな忙しそうで、次から次へと来る洋服直しの依頼が、カゴの中に山となって積まれていた。

「もう目が回るような忙しさですよ」

木戸さんも腰をさすりながら言う。とにかく景気がよかった。新しい服をどんどん買っては捨てるファストファッションになる前の時代であり、なおかつバブルでDCブランドといった高い服をみんな着るようになっていたので、服はほつれたらその都度修繕して、なるだけ長く着続けるものだったのだ。

年に一度の社員旅行にも行っていた。伊豆の熱川から香港や台湾まで、従業員のおばちゃんたちと行く旅行は賑やかで楽しかった。一年は浦安のホテルの新年会で始まり、そして決まって行なわれる忘年会のカラオケ大会で終わった。主婦のおばちゃんたちが演歌を歌う中で、ジャガーは一人、ザ・ローリング・ストーンズやレイ・チャールズといった洋楽や、長渕剛を歌っていた。

それでももうこの頃は、仕事の半分が芸能関係になっていたため、支店への目が正直届かなくなりつつあった。

そんなある日、看板工場の営業マンに数百万円も横領されていたことが発覚する。集金してきたお金を全部懐に入れていたのだ。市川警察署と相談して逮捕寸前まで追い込んだことでちゃんと取り返せたけれども、うちのやり方ではもう限界かもしれないと、コンピュータで管理することを本気で考えたりもした。

ちなみに、美容院の店長もちょっぴり悪いことをしていた。お客さんが来ないときはずっと漫画を読んでいる店長だったけど、彼が退社したと思ったら、超高額な請求書がＮＴＴから届いて驚いた。なんとジャガーが見ていない隙に、店からニューヨークまで何度も国際電話をしていたのだ。今はネットで世界中ただで通話できる時代になったけど、当時の国際電話は本当に高かったのだ。

洋服直しの支店でも、伝票を切らないでそのまま懐に入れるみたいな細かい横領はちょこちょこあった。ハサミを持って支店に乗り込み、闇営業している服を全部切ってやると凄んだこともある。とはいえ、もちろんこれだけ支店があるのだから全部は把握しきれないし、ジャガーが知らないところで悪いことをしていた例はたくさんあったのだろうと思う。

一方で、うちの業態を真似て店を出す洋裁チェーンもものすごく増えていた。当たり前といえばそうだけど、自分が始めた頃とは状況も規模も大きく変わっていたのだった。

その状況の激変は音楽のテクノロジーにおいてもそうで、特に録音がアナログからデジタルへと完全に移行して、音楽記録媒体もレコードからCDに切り替わったことが大きい。各メーカーはCDプレイヤーの付いたラジカセやコンポを大々的に売り出すようになっていて、その広告にはBUCK-TICKやレベッカ、あと、ジャガーも対バンしたことのあるレピッシュなど、バンドマンたちが華々しく出るようになっていた。それくらい当時のバンドブームはすごく、またバンドマンのらくがき帳のようだった雑誌「宝島」にも、20万円近くする高価なラジカセやコンポの広告が普通に載るようになっていた。

そのため1989年に3年ぶりにリリースしたサードアルバム『JAGUAR現象』からはCDで出すことにした。

しかもメジャーレーベルであるキングレコードからである。ついに叶った念願のメジャーデビュー。デビュー当初はどこのメジャーも全然相手にしてくれなかったので、これには感慨深いものがあった。ジャガーも張り切ってCDで出すべく機材も入れ替えることにし、4000万円をかけてスタジオにデジタル・レコーディング・システムを導入した。中にはドイツから輸入した機材まである。もちろん千葉ではここにしかない。

サエキけんぞうさんと、同じく市川市出身の金子美香さんと3人で『市川ロック振興会』というライブイベントを行なったのもこの頃だ。場所は、京成八幡駅近くに今でもあるライブハウスROUTE FOURTEEN。Creamの『ホワイト・ルーム』を3人で歌ったのはいい思い出だ。

さらに千葉県柏出身のバンド、爆風スランプが大ブレイクしていたのもこの頃で、メンバー脱退によるベーシスト不在の穴を、千葉のよしみでサポートメンバーとして参加してその穴を埋めたりしていた。それで日本テレビの「歌のトップテン」などの音楽番組に出たこともある。ジャガーはベースもギターもシンセサイザーもだいたいどの楽器もできるのだ。

また、その年の6月には、当時まだできたばかりの東京ドームでライブをすることになった。これは単独のライブではなく、社会人アメフトの大会のハーフタイムショーでの出演だったとはいえ、そのわずか3カ月前にあの吉田拓郎がライブをした同じ

バブル絶頂の時代に出した『JAGUAR現象』の頃。

ところで自分もライブできることはうれしかったし、何よりこの8カ月後には、まさにこの同じ場所で、日本を熱狂の渦に巻き込んだザ・ローリング・ストーンズの初来日公演が開催されたのだ。もちろん客としてそれには行ったけれども、拓郎→ジャガー→ミック・ジャガーという順序で、実際にライブが行なわれたと考えると本当に感無量だ。

気合を入れて、東京ドーム公演の衣装作りに取りかかる。もちろん、そんなときでも頼りになるのは、洋服直しの従業員たちだ。

「社長、手首の部分なんですけど、こんな感じでどうかしら？」

木戸さんが邪悪なトゲトゲのついたリストバンドを縫い上げる。

「う〜ん、ここのトゲはもうちょっと長さを抑えたほうがいいかな？　ふとしたときに人に当たっちゃったら大変だからね」

「たしかにそうねえ」

「あと、ここの部分だけど、この生地と合わせてみたらどうかな？」

「あら、そっちのほうがいいじゃない！　社長は本当にいろんなアイデアが出てきますねえ」

木戸さんは感心すると、再びドドドドドという重低音を立てながら業務用ミシンでテキパキと衣装を縫い上げていった。

こうして迎えた晴れの舞台。ドームのエコーでちょっと歌いにくさはあったものの、何より地球人6万人を前に歌えたのはとても気持ちがよかった。まあその半面、あまり大きくない会場でのライブはやる気が起きなくなってしまったのだけど……。ライブをするにはバンドメンバーも雇わねばならないし、リハーサルもやらねばならないので、会場の大小にかかわらず手間がかかるのだ。だったら、できるだけ大きなところでやりたいし、バンドがなくていいのならソロでやってしまいたい。当時はとにかく本業も忙しくて、ジャガーには時間が圧倒的になかったのだ。

翌年の1990年には、メジャー2枚目となる4thアルバム『だまってJAGUARについて来い!』をポリドールからリリースする。これはかつて河崎実監督がPVにしてくれた曲が収録されたものだけど、奇しくもこれとほぼ同じタイミングで彼の作品『地球防衛少女イコちゃん3』にもジャガーは出演する。本人役を務めた2とは一転、3では宇宙人の役だ。でも、メイクと衣装は普段どおりのままだった。

あと、この頃出た番組としては、日本テレビの「第4回ビートたけしのお笑いウルトラクイズ」もある。くだらないことにずいぶんとお金をかけた豪華な番組だった。

そんな活躍もあって休日に原宿に行くと、テレビを観た人たちがワーッと群がってくる。

「ジャガーさん握手してください」

「ジャガーだ！」

「あ、ジャガー！　本物だ！」

笑顔で寄ってくる人たち。ジャガーは微笑み返して、みんなと握手を交わしていく。

しかし同時にふと思った。この人たちはジャガーのことをどう見ているのだろうか、と。

「『お笑いウルトラクイズ』観ました！」

中にはジャガーをミュージシャンではなく、お笑い芸人だと思っている人がいるようだ。自分の音楽を広めるために「ＨＥＬＬＯ　ＪＡＧＵＡＲ」を始めたわけだし、そのために他のメディアにも露出してきた。ｈｉｄｅが加わって飛ぶ鳥を落とす勢いのＸ　ＪＡＰＡＮだって、少しでも自分たちの音楽を聴いてもらえるキッカケになればと、『天才・たけしの元気が出るテレビ!!』に出ていたではないか。
しかし、今のジャガーは音楽のほうは取り上げられずに、キャラとしてのジャガーのほうばかりが一人歩きを始めている。そんな気がして複雑な気持ちになった。

そしてこの直後から、長らく千葉テレビのゴールデンタイムで放送されていた「HELLO JAGUAR」が23時に移動となる。1990年10月のことだった。続いて1991年に入ってすぐにメジャー3枚目、ジャパニーズ・メタルを意識して作った野心作、5thアルバム『UPPERCUT』を出したところでバブル崩壊。チャンネルをひねれば、レオタード姿の女性が踊り狂う¥ショップ武富士のCMばかりが流れてくるようになった。

折しもその頃、日本に数台しかないシンセサイザー「フェアライトCMI」を1200万円ほどで買ったばかりで、ちょっと嫌な予感がした。

バブルが弾けて、結局ジャガーも本店の建物を手放すことになった。
1968年に創業して以来、本店はずっとここ。そこに入っていた防音スタジオは、ビル2階の美容院が閉店して空いたので、そちらへ移すことにした。
実に愛着のある〝木造鉄骨〟2階建てだった。きっとそんなセンチメンタルな思いがあったせいなのかもしれない。1991年の年末にリリースしたメジャー4枚目、6thアルバムは『愛の形見』というタイトルになった。作風もガラッと変わり、そのジャケットの帯には「え、これがジャガー？」と書かれた。

昔の名前は捨てちゃった過去のこと
辛い浮世に流されていくのです
故郷の村には帰れないの
すべてを忘れた　それは貴方のため

岬の果てまでやってきた
銚子の灯台が間近に見えてきた
君ケ浜の波に戯れる　ＹＥＥ
黒潮の彼方に漁船が見える

貴方は今どこにいるのかしら？

――『房総半島』より

お金にならない事業を畳むことも余儀なくされ、洋服直しの支店の整理はもちろん、松戸の馬橋のライブハウス「CLUB MIX」も閉じることにしたけれど、それでもなお経営は厳しく、ビル地下1階の「JAGUAR CAFE」も閉店せざるをえない状況になりつつあった。バブル崩壊とともにバンドブームも過ぎ去り、ライブハウスの客足もめっきりと減っていたのだった。

ちょうどその頃、木更津のひとつ向こうの君津から来たという中学生が、JAGUAR CAFEの面接に来た。

「あの……」

声をかけられて振り向くと、もう夏だというのにユニオンフラッグのパーカーを着て、丸いサングラスをした少年が立っていた。雑誌「宝島」でうちが求人を出していると知って応募したらしい。

履歴書を見る。中学3年生と書いてあった。

「アルバイト経験は?」

「新聞配達と、マザー牧場の牛乳瓶を洗うバイトとか、干潟にアサリを撒くバイトとかしてます」

「でも君津から通うのは遠いでしょう?」

「いつも津田沼のレコード屋に通っているので、全然大丈夫です」

「その荷物は?」

彼が持ってきた紙袋を指差した。

「レコードと中学の学ランです。地元は田舎なんで学ラン着てないと先輩に目を付けられるので、いつも千葉駅のトイレで着替えてるんです」

彼はくりっとした目でそう答えた。履歴書もどこか女性的な優しい文字をしている。パンクっぽい格好をしているのは、ギターをやっていてバンドも組んでいるかららしい。

「ライブハウスはよく行ってるの?」

「ここらへんだと、ROUTE FOURTEENとか本八幡サードステージにちょくちょく来ています。東京のバンドは、本八幡までなら来てくれるので」

「じゃあ、なんでうちで働きたいの？」

「それはやっぱり子どもの頃からジャガーさんのテレビを観て自分は育ってきましたし、それに高校に進学したいと思ってなくて、なんでも自分でやるジャガーさんの元だったらいろんなことを学べるかなって……」

彼はいかに自分が「HELLO JAGUAR」に影響されて、「宝島」を熟読していて、みうらじゅんさんとジャガーの関係性が大好きで、学校に行くのが無意味で、音楽の道へ進みたいと考えているのかを熱弁した。

うーん、と考えた。ここは近いうちに閉じることになってしまうかもしれない。

「中学生は雇えないから、高校生になってからまたおいで」

その時にまだあるかどうかはわからないけど、そう言って彼を帰すことにした。遠い君津まで申し訳ないなと思った。きっと途中の千葉駅で学ランに着替えるのだろう。

結局、JAGUAR CAFEはその次の年くらいには閉じてしまったと思う。キッカケはたしか、スタッフがお金を持ち逃げしてしまったことだったと記憶している。「HELLO JAGUAR」の視聴率も下がる一方だった。当然のことながら、この番組を続けてもジャガーには1円にもならない。むしろ枠のためのお金と制作費と自分の時間が飛んでいくだけだ。その頃はもうテレビ神奈川とテレビ埼玉でのネット放送も打ち切られ、千葉テレビだけでの放送となっていた。

バブルが弾けて社会状況が一変した中で、それを続けることに意味を見いだせなくなりつつあったジャガーは、だんだんやる気を失っていった。しかし締め切りは毎週押し寄せてくる。それをさばくために同じ素材を使い回して、ただただ惰性で「HELLO JAGUAR」が毎週放送される。面接に来てくれたあの中学生ファンには申し訳ないと思いつつも、そんな状況が続いていた。

ジャガーはもがいていた。事態を打破すべくなんとかテコ入れをしようと思って、2年ぶりとなるアルバム制作に打ち込んだ。それが1993年にリリースされたメジャー5枚目、ジャガーとしては7枚目となるアルバム『FANTASY』だ。ジャケットは〝心象の鬼才〟と呼ばれた父・村上馨が描いた作品である。

『FANTASY』のジャケット。
父が描いたこの原画は、家宝として保管している。

しかし悪いことは続くものだ。今度はその印税が入ってこない。ポリドールとの窓口になっていたレコード制作会社が、おそらくバブル崩壊のあおりもあってか、経営に行き詰まって夜逃げしてしまったのだ。しかしジャガーは諦めない。夜逃げ先の住所を調べ上げて、うちの従業員たちとそこへ押しかけた。

もちろんジャガーも同じ経営者だから、相手の制作会社の苦しさもわかっているつもりだ。最終的にアメとムチを使い分けて、いくばくかの印税は取り返すことはできたのだけど、わずかばかりの印税なんて些細な問題にすぎない。それよりも、今までジャガーとしてやってきたことすべてに対して、ついに本当に嫌気が差してしまった。こちらのほうがはるかに大きな問題としてジャガーの目の前に立ちふさがった。山積みになった『ＦＡＮＴＡＳＹ』のサンプル盤の箱を前に、すべてのジャガーとしての活動をやめることを決意する。番組も音楽活動も。

雨は冷たい　こんな時は
夜中に雪に　なるかもしれない

心は深く　傷ついた今
砂漠の彼方に　地平線が見える

周りにオオカミ　喉はカラカラ
不正と邪悪　正義はないの？

きっといつかは　空は明ける
暗闇の彼方　星明かりが見えてくる

力合わせよう　不正やマヤカシ
みんなで追放するのさ　ＦＡＮＴＡＳＹ
夢を持って

かすかな希望が　出てきたなー

あそこが出口か　薄ら明かり　ＹＥＡ～
欺瞞とマヤカシ　捨て去ろう
ともしび　を頼りに　抜け出そう

――『ＦＡＮＴＡＳＹ』より

「櫻井さん、『ＨＥＬＬＯ ＪＡＧＵＡＲ』をやめようと思います」

千葉テレビの担当者に電話した。いきなりの申し出にびっくりされるかと思ったけれども、櫻井さんは冷静だった。

「ああ、そうですか……。もう9年近くやりましたからね」

続けても仕方ない。そろそろ潮時だとあちらも思っていたようだった。

これまでずっとジャガーを支えてくれた、みうらじゅんさんには手紙を書いた。謝辞とすべてやめることをしたためた、悲しい悲しい手紙だ。そしてそれをサンプル盤一箱とともに、みうらさんの事務所へと送った。すると電話があった。

「ダンボール一箱届いたんですが、これは布教しろということですかね……。でもね、ジャガーさん、やめなくていいじゃないですか。自分もこんな仕事なんでいつやめてもいいんですけど、でもやめちゃつまらないですよ」

みうらさんは寂しそうに語りかけてくる。

「この手紙はずっと残しておきます。でも、JAGUAR星人であることはやめられないですから」

その後、折を見ては「音楽活動はやめたけど、出演はいいんですよね？」と自分のレギュラー番組への出演を打診してきた。そうやってみうらさんは、一切から身を引こうとしているジャガーをなんとか食い止めようとしてくれた。

1994年3月31日、93年度の最後の日に「HELLO JAGUAR」の最終回が放送される。ほぼ10年にわたって毎週やってきたけど、その間、放送ギリギリのタイミングになってバイク便で素材を送ったことはあれども、オンエアに一回も穴をあけることはなかった。しかしその最終回は特にフィナーレを飾るような内容ではなく、使い回された素材が、ただただ垂れ流されただけだった。

時代はｔｒｆがデビューして、小室系が一世を風靡しようとしていた。夕暮れを背景にそびえ立つ、巨大な屋内スキー場ザウスの斜面が、まるでその後続く日本経済の有り様を象徴しているように見えた。

第三章 アクアライン

10年近くにわたって毎週やってきた「HELLO JAGUAR」の締め切りから解放され、音楽活動をする必要もなくなったジャガーは、その時間を使ってのんびりとあちこち旅行に出かけていた。千葉だと勝浦のホテル三日月や銚子のグランドホテル磯屋。銚子電鉄が大好きで、よくそれに乗りに行っていた。

千葉以外も日本中のいろんなところを旅行した。昔から海が好きでシュノーケリングやダイビングも好きだったので、沖縄の海にも潜りに行った。そこには本州では見られないような見事なサンゴ礁がある。しかし意外かもしれないけど、ここ千葉でもサンゴを見ることはできる。房総半島の先端の館山は、北半球における最北限のサンゴ生息地として知られていて、はるか遠くの南の熱帯エリアから北上してきた暖かい黒潮が、房総半島とぶつかることでサンゴが生育できる温暖な条件が揃っているのだ。

ジャガーはシュノーケルとゴーグルを頭にかけ、フィンを足につけて沖合に泳ぎ出す。スイ、スイとリズミカルに水中を漂うコバルトブルーのソラスズメダイ。岩陰ではウツボが顔をのぞかせていて、その岩に張り付いたイソギンチャクは、爽やかな風にそよぐ青草のように水流に合わせてなびく。その中には黄色いクマノミ2匹、気持ちよさそうにその身を任せている。

　このクマノミは死滅回遊魚といって、遠く南の海から黒潮に乗ってここまで流されてきた魚たちだ。千葉に迷い込んできたクマノミに、ふとJAGUAR星からやってきた自分と重ね合わせた。


だけど、そんな体験にインスパイアされて曲を作りたくなったとしても、当時のジャガーはもうそれができなくなっていた。1億円以上をかけて揃えたスタジオの機材はすべて売り払ってしまっていたからだ。やっぱりソニーのネームバリューはすごくて、ソニーの機材はめちゃくちゃ高く売れた。ギターもどうしても手元に残しておきたかった2本だけを除いて、20本以上を売り払った。

　しかし衣装だけは売らなかった。それは派手すぎて買い手がつかないからではなく、機材や楽器はまた同じものを買えるかもしれないけど、素材選びからすべて手作りで作った衣装は、手放したらそれが最後、もう二度と手に入れることができなくなってしまうから。貴重な貴重な一点物なのだ。

一方、本業の洋服直しも全盛期からすると、だいぶ規模が小さくなっていた。これも時節柄なのだろうか、昔は主婦が多かった従業員も、いつしかシングルマザーが多くなっていったように感じた。不景気の波が千葉を覆って、いろんな家庭で離婚せざるをえない事情が生じたのかもしれない。

しかし彼女たちは至って明るく、そして逞しく生きている。

「社長、カラオケ大会やろうよ」

機材をすべて売り払ったビル2階のスタジオは、その頃はもうカラオケ専用ルームになっていた。各支店から参加できる従業員たちが集まって、各々自由に歌い出す。

「あの人が社長だよ」

「え、あの金髪の人？」

響き渡る演歌の中で、ヒソヒソ声で話す従業員たちの声が聞こえる。基本的に支店任せにしているうちのやり方の場合、こういう機会でもないとジャガーと顔を合わせることもない従業員もいるのだ。

ジャガーにマイクが回ってきた。おもむろに洋楽を歌おうとすると、おばちゃん勢は不満そうな顔をする。そこで吉田拓郎や長渕剛を歌おうとするも、それでもまだ不

カジュアルな装いのジャガー。
地球の仮の姿はさらにもう一段階カジュアルになる。

満顔だ。

「社長、何か演歌歌って！」

「仕方ないなぁ……」

そして『長崎は今日も雨だった』を披露する。演歌でただひとつの持ち歌だ。おばちゃんたちに囃されて、すっかり自分も本来の社長業が板に付いてきたように感じた。月に一回のカレーパーティー兼カラオケ大会。その頃にはもうライブハウスや美容院、看板工場も畳んでいたので、参加メンバーは洋服直しの従業員だけになっていた。


気がつけば、父はもう80を超え、母は80手前になろうとしている。

そんなある日、マイクロバスを借り、両親と兄弟、そして親族を引き連れて長浦へバスツアーを企画した。当時、両親は北習志野に住んでいて、兄弟も千葉のあちこちに散在し、長浦に住んでいる者は家族の中に誰もいなかった。

バスが長浦に到着する。ドアから降り立つと、どでかい16号線が街を貫き、海側はすべてコンビナートになっている。かつて我が家があった山のほうへと入ってみると、その斜面にはずらっと新しい住宅が規律よく整然と立ち並んでいた。多分コンビナートに勤める人たち、あるいは東京への通勤者が住んでいるのだろう。昔見たあの青々とした景色は、もうわずかしか残っていない。

坂の途中で、かつて自作の望遠鏡で覗いた東京湾を眺めてみる。あの日見えた東京タワーはもうすっかり見えなくなってしまっていたけど、隣町の袖ケ浦から対岸の川崎へと伸びる東京湾アクアラインの橋がちらりと見えた。まだ建設中だがもうほとんど完成している。これが開通したらたった15分で川崎まで行けるようになるそうだ。

自虐気味に妹は言った。

「もっと昔にこれができていたらどれほど楽だったか」

ジャガーもしみじみとそう思う。でも、これができたらここは今以上に変わるのだろう。ちょっと寂しくなった。

古いものはどんどん世の中からフェードアウトしてゆく。目の前からも、頭の中からも。ジャガーはまだ人々の記憶の中に残っているのだろうか。ふとそんなことを思った。

1997年、東京湾アクアラインが開通。千葉はますます東京から近くなり、発展を遂げていく。その一方で2年前のウィンドウズ95発売を契機に、世の中にはインターネットも広まりつつあった。ご存知のとおり、ネットは場所を選ばない。こうして21世紀を目前に、物理的な距離はだんだんと縮まっていったのだった。

本業以外のすべてを投げ出した当時のジャガーは、もうそういう新しいテクノロジーや機械に対して興味も、パソコンも持っていなかったので、これはのちになって知ったことである。

アクアライン開通と同じ年、ジャガーのホームページを立ち上げている人がいた。
「奇才ジャガーさんを再評価していきたい」
そこにはそう書いてあった。なんでも友達からみうらじゅんさんのラジオでかかっていた曲のカセットテープをもらい、『だまってＪＡＧＵＡＲについて来い！』を聴いて衝撃を受けた人のようだ。

しかし当時はまだネット黎明期。今のようにたくさんの情報はネット上にはまだ上がっておらず、周囲の人への聞き込みなどからジャガーに関する断片的な情報を掻き集めたみたいだ。そして知れば知るほど気になって、ついにホームページを開設した、ということらしい。

「熱い反応をくれる同好の士が必ずいることを体感し、98年暮れには掲示板を設置した」

その掲示板にはジャガーに関する情報が多数のネットユーザーから寄せられていた。

「私もその件に関しては、深いナゾを抱えたまま暮らしてきました。検索してみても、クルマのジャガーばかりが何万件も出てきて、ろくろく調べられません」

「『パオパオチャンネル』のレギュラーをしていて、ジャガーがなんでも屋になって問題を解決するというコーナーがあった」

「洋服直し店は現在でもあちこちで営業中です。あそこの方々、腕がいいのでたまに裾上げとか頼みに行ってます」

「『ハロージャガー』で突然画面にジャガーが現れ、牧場で牛の間を走りながら、『市川船橋の女』という曲を熱唱」

「地元の学校ではジャガーの噂がいろいろ流れていました。用事もなく本八幡駅に行くと必ず遭遇するとか」

「さん付けで呼ばないといけないらしい」

「実は旦那の実家の近くにジャガー氏は住んでいるんですよ。クリーニング屋の御曹司なんですって」

「最近はジャガー本人を見かけなくなりましたが、以前はほぼあの格好で道を歩いていたためすぐわかりました。普通の人に戻っていたら判別不能です」

「テレビ神奈川でも放送していた『ハロー・ジャガー』は、曲を流す前にジャガーの近況なんかも話していました。たしか、『愛の形見』のアルバムで『房総半島』という歌があったかと思うのですが、ジャガーも房総半島に行って泳いだ話をしていました。『でも11月は泳ぐのは寒いよな』と言ってました」


多少間違った情報もあるけれど、90年代の終わり頃にはこういうファンサイトがいくつかできていたようで、世の中の表層からジャガーは消え去ったものの、ネットの深い海底では語り続けられていたのだった。当時の自分はまだそれを知らない。

そして、21世紀を迎えて1年ほど経った2002年。ついに父が他界した。

数年前に父が入院して以来、母は24時間父を介抱するような暮らしを続けていた。遠い昔の記憶では、母はいつも父をほったらかしにしてどこかに出かけていたし、「多分、東京でしょう」というのが父の口癖だったほどで、うちの夫婦仲はよくないと幼心に思っていた。それなのに熱心に世話をする母を見て、「え、こんな面があったの?」と兄弟揃って驚いた。母は父が大好きだったのだ。そんな母と子どもたちに看取られながら父は永眠する。本当に絵を描き続けた人だった。

その通夜の席で、弟にこう言われた。

「お父さんの遺伝が一番来ているのは、牧彦だね」

弟はデザイナーで、いわば父の跡を取ったような形だ。

「牧彦が兄弟で一番絵がうまかったもの」

姉や妹も同意する。母は横で静かに微笑みながらそれを聞いている。おそらく絵だけでなく、工作やメカが好きなのも父から来ているのだろう。

お父さん！
いつものようにヒゲをきれいに剃ってますネ
自転車のパンクはいつも直してくれたよネ
バターピーナッツをよくボリボリ食べていたよネ
鋸山の灯台に登ったときにサ　カメラで写真を撮ってくれたよネ

お母さん！　和服姿がよく似合ったよネ〜ッ！
お父さん！　ヒザの痛いのは治ったのかい？
元気で　元気で　ガンバレよ〜
オレはひとり！　ロンリープラネットボーイ！
オレはＪＡＧＵＡＲだぜ〜　ロンリープラネットボーイ！
オレはひとり！　ロンリープラネットボーイ！

――『Lonely Planet Boy』より

第一四章

ファイト！ファイト！ちば！

昔は21世紀といえば、小松崎茂が描くSFチックな遠い未来のような感覚だったけれど、いざそれを迎えてみればこんなもんという感じで、21世紀になっても前世紀と変わらない現実の日々が過ぎていく。洋服直しチェーンの社長として、支店の壊れたミシンを修理したり、伝票をチェックしたりする毎日が途切れなく粛々と続いていた。

ジャガーが活動を休止していた間に、バンドシーンも絶え間なく変化を続けていた。90年代にはhideのいたX JAPANからヴィジュアル系というジャンルが生まれ、それと並行してパンクロックも盛り上がりを見せていたようだ。どうもそのパンクの流れの中に、千葉県鎌ケ谷出身で当時バンドマンだったZOZOTOWNの前澤氏もいたらしい。その流れは1997年から「AIR JAM」というデカいフェスへと進化していって、2000年には千葉マリンスタジアムで開催している。

その翌年、そのどちらでもない、あるバンドがメジャーデビューした。

デビューのキッカケはジャガーの古いビデオだったという。インディーズで大成功を収めて、様々なメジャーレーベルからの誘いがある中で、東芝EMIの担当者は彼

らが千葉県出身のバンドだと知ってか、

「お宝映像あるけど観ない？」

と、２本のビデオ鑑賞会を開いて彼らを誘い出したのだそうだ。

１本は、千葉を代表するＸ ＪＡＰＡＮのビデオ。最初期に業界向けに作成された幻の逸品らしい。そして残りのもう１本が、「ＨＥＬＬＯ ＪＡＧＵＡＲ」を始めて間もない86年初頭にオンエアされた「トゥナイト」出演時のビデオだった。

再生ボタンを押すと画面に現れてきたのは、本八幡駅に愛車の白いコルベットに乗って颯爽と登場するジャガー。と同時に、それを観た千葉出身のバンドメンバーたちの脳裏に強烈な思い出が蘇える。

「ＨＥＬＬＯ ＪＡＧＵＡＲ」の放送終了からはや数年。「先輩が言ってたんだけど、ジャガーって○○らしいよ？」と小中時代に同級生同士で散々、半ば伝説を語り継ぐかのように話題にしてきたあのジャガーが、久しぶりに目に飛び込んできたのだ。世の中から消え去った今でさえも、ＲＯＵＴＥ ＦＯＵＲＴＥＥＮや本八幡サードステージに出ている知り合いのバンドマンたちと、「今こうしているらしい」とたまに噂話をする。

「トゥナイト」の映像はそのまま進んでいき、洋服直し店や自ら経営する喫茶店が映し出され、「5つの事業をなされてまして、従業員も90人ぐらいいるという青年実業家でございます。人は見かけで判断しちゃいけないんですよ。でもどうしてあんな格好をされているのか？　そのへんのところをじっくり聞きましたんで、とりあえず観てください。どうぞ！」という野沢直子さんのフリとともに本店2階のジャガーの自宅へとカメラは潜入していく。

懐かしさのあまり声を上げて大喜びしたメンバーたち。すると何を考えたのか、東芝ＥＭＩの担当者は無慈悲にビデオの停止ボタンを押して、こう言ったそうだ。

「この先はハンコ押してくれたら」

こうしてはるかにいい条件を示してきたレーベルを差し置いて、東芝ＥＭＩとの契約書にハンコを押したバンド、それが木更津出身の氣志團である。

そんなある日、もうバンドシーンとは無縁の世界で生きていたジャガーの元に、一本の電話がかかってきた。

「はい、『洋服直し村上』です」

「すみません、そちらジャガーさんのお店でしょうか?」

「いえ、もうジャガーはおりません」

「いや、あの、せめてお話だけでも……」

電話の主は、「オールナイトニッポン」の人だった。氣志團の綾小路 翔くんのラジオ番組を担当していて、どうしてもジャガーを呼びたいと言っている、とのことだった。木更津を舞台にしたテレビドラマ『木更津キャッツアイ』にも出ていて、それもたいそう高視聴率なのだそうだ。

でも、そんなバンド知らないから、お断りしようかと思った。そもそも、もう「HELLO JAGUAR」をやめてから何年も経っているし、今さらどういう顔をして出たらいいのかわからない。しかし、彼らはその「HELLO JAGUAR」を子どもの頃からずっと観て育ち、それに影響されて音楽をやるようになって今に至るのだという。

熱意に押される形で、ひとまずお台場のニッポン放送まで打ち合わせに行くことになった。ニッポン放送はフジテレビのビルの中に入っている。受付で待っていると、担当ディレクターの方が目をひん剥いて驚いた。

「まさか正装で来ていただけるとは!!」

ジャガーとしての依頼を受けたのだから、打ち合わせもジャガーとして行くべきだろう。そう思って、新しくメイク道具を買い直して、半分忘れかけたやり方でメイクをし、そして久しぶりの衣装に袖を通して臨んだのだ。もちろん、ジャガーだってやや緊張もしている。

そしてディレクターは綾小路 翔くんがジャガーを呼びたがっている理由をこう説明してくれた。

「氣志團は、オールナイトニッポンに出るのが中学生の頃から夢だったそうなんです。その番組に誰か呼ぶことになったときに、それは今売り出し中のミュージシャンではなく、ジャガーさんしかいないと。中学生の頃から抱いていた夢をひとつずつ叶えていっているバンドなんです」

なんか自分と似ているバンドだなと思った。彼らがジャガーのことを〝千葉の英雄〟と呼んでいるらしいことにはいささか照れくささも感じるけど、面白そうな相手なのでラジオに出ることにした。

こうして「氣志團 綾小路〝セロニアス〟翔のオールナイトニッポン」に、メディア露出は数年ぶりという形で出演することになった。本番当日深夜に再びお台場のニッポン放送へ行くと、千葉のど田舎のヤンキーみたいな人がそこにいた。

「綾小路 翔と言います。ジャガーさん、お久しぶりです！」

「？・？・？・？・？」

「僕、中学生のときにJAGUAR CAFEに面接しに行ったことあるんですよ」

「あ、う〜ん……そうでしたか」

正直、思い出せなかった。しかし翔くんは当時のことを鮮明に覚えているらしく、あの日のことをいろいろ話してくれた。ポツリポツリと断片的な記憶が一本の糸でつながっていく。ああ、あの日、君津の家に返したあの中学生か……！

「あ〜〜〜！　いや〜、ごめんなさいね。中学生は雇えなかったので」

「いや、尊敬するジャガーさんとお話しできただけでも大満足でしたよ」

「あの後、結局高校は行かなかったんですか？」

「あの日、帰り際にジャガーさんに言われた『高校生になったらまたおいで』という言葉と、バンド雑誌で読んだ野村義男さんの言葉に押されて、高校に進学することにしたんです」

笑いながら翔くんはそう言って、東芝ＥＭＩと契約することになったキッカケも話してくれた。

「その東芝ＥＭＩの担当者の家は火事になったんですけど、その人はなぜかその２本のビデオだけを持って逃げたんですよ。そして熱で半分溶けたＶＨＳを僕にプレゼントしてくれました」

これは今でも大切に保管してあるという。

最後に一緒に握手した。ジャガーの両腕の先から生えているトゲトゲを間近に見た翔くんはうれしそうだ。

「これが噂のチタン製のトゲか〜。これに触ったら死んでしまうんですよね？」

彼はよく知っている。これもみうらじゅんさんとの間に生まれた設定で、公式のプロフィールにもそう書いてあるけど、翔くんと握手した後日、そこに一文を書き加え

ジャガーの手から生えている噂のチタンのトゲ。

ることにした。

「手から生えているチタン製のトゲに触ると死ぬが、ただし綾小路 翔くんは鍛えているので死なない」

「HELLO JAGUAR」をやめてからずいぶん時は流れたけれども、その間にかつて自分の番組を観てくれていた世代が今、こうして最前線で活躍するようになっていた。

自分はあの時、投資をしていたのだ。

そう考えるとうれしくなった。それが2003年くらいだっただろうか。「HELLO JAGUAR」の放送終了からおよそ10年が経とうとしていた。

そして2005年の年明け早々に、また一本の電話が鳴った。

「社長～、電話～」

木戸さんから渡された受話器をおもむろに受け取る。

「はい、『洋服直し村上』です」

「あけましておめでとうございます。ちばテレビと申します」

今度は千葉テレビである。実に久しぶりだ。しかし、連絡を取っていなかった間に千葉テレビの〝千葉〟はひらがなの〝ちば〟になっていて、かつて「HELLO JAGUAR」を担当してくれた櫻井守さんは、もう退職しているとのことだった。

「私は櫻井の後輩に当たるのですが、いつもジャガーさんの話を聞いておりました。今回ちばテレビで『ファイト！ファイト！ちば！』というキャンペーンをやることになったので、ぜひ何かご一緒にできればと……」

マイク眞木など、千葉に住んでいる芸能人に今、声をかけているのだそうだ。そして担当者はこう続けた。

「例えば、『HELLO JAGUAR』を期間限定で復活するとかはいかがでしょうか……？　もちろん枠は無償でご提供させていただきます」

相変わらず制作費はこっち持ちのようだけど、もう「オールナイトニッポン」で再びメディアに出たことだし、しばし考えたのちにジャガーは引き受けることにした。久しぶりに何か作ってみたくなったのだ。

ただ、ひとつ気になることがあった。

「『ファイト！ファイト！ちば！』というキャンペーンの一環なら、何かそのために番組の中でしなくてはいけないことは？」

「いえ、特にございません。カメラの前で拳を上げて『ファイト！ファイト！ちば！』と叫んでいただくだけでも結構ですので……」

いやいや、それではあんまりだろう。

「う〜ん、じゃあ、そのキャンペーンのために曲を作りますよ」

ジャガーは10年ぶりに新曲を作ることを約束した。

こうして久しぶりの番組作りと曲作りが再開した。1回目の放送は2カ月後。それまでにどちらも作らねばならない。

まずは手放してしまった機材から揃えるところからだ。しかしその時点で、それはもう大した問題ではなくなっていた。10年のブランクの間に録音技術も激変していて、もうパソコンひとつでできるようになっていたのだ。金額でいったら、当時の100分の1以下で済んでしまう。あとはその使い方だけをマスターすればいい。

パソコンを触りながら、曲を作ってみた。なるほど、これなら昔みたいにミュージシャンを入れずに曲ができてしまう。ドラム、ベース、ギター、シンセなど、全部自分で作れてしまった。面倒なバンドの人間関係や金銭問題に頭を悩ます必要もないし、全部自分で演奏しているわけだから満足度も高いし、しかも、究極的にはそのままネットで音源をデータとして販売することもできる。いちいちCDにプレスして量産するコストや在庫リスクも減るのだ。

もちろん映像の編集や加工もパソコンでできてしまう。でもちばテレビへの納品はDVDではなく、一回業務用のテープに落とし直さなければいけなかったので、一度は売り払った機材を一部だけ新たに買い直した。やり方も勝手も変わっていてなんだか浦島太郎のような気分だったけど、とても夢中になれた。やっぱり久しぶりのクリエイションは面白い。

「ハロジャガです！　みんなげ〜んきか〜〜い!?」

2005年3月6日の24時30分、ジャガーの絶叫とともに「HELLO JAGUAR」第2期がちばテレビで放送される。

「ハロジャガです。こんばんは～。だけど久しぶりだよな。実はジャガーは、宇宙に旅行に行ってたんだよ。ほんの数日間なんだけどさ、タイムマシンという乗り物に乗って行ってたんだぞぉ。

で、地球に戻るときにタイムマシンの目盛りを少し多くしちゃったんだよな。それでみんなと何年もご無沙汰して、だけど久しぶりにみんなと会えて、ジャガーはすご～くうれしいゼェ。

今日のこのために新しい曲を作ったから、これからヤるゼ？　その名もズバリ！タ～イムマシ～ン！」

久しぶりだったよね
Just One Chance　会いにやってきた
I Want a Dream　探してた
Time MachineでReturn Backだゼ
I Love You

真っ暗な暗闇をサ　夜明けが見えてくるぜ
月夜にゾロゾロとサ　明かりが見えてくるぜ
Time Machine

青い空見てたらサ　眩しくてサ
トンボが飛んでてサ　追いかけてサ
海の中入ってサ　漂ってサ
お前が流れてサ　砂浜でサ

――『Time Machine』より

「今日の曲どうだったかな？　ジャガーはこれからいろんな曲を作るぜ？　今回はすごい短期間で作ったので、すごい大変だったんだ。だけどキーボード、ギター、ドラム、ベース、いろんな楽器を弾いたけどさ、結構楽し～かったぜ。じゃまた来週会おうぜぇ～！　おやすみイェエ～～イ!!」

24時35分、オンエアが終わった。

この第1回放送で触れられているとおり、タイムマシンの設定ミスによって時空をさまよっていたために、復活までに10年以上ブランクが生じてしまったということにした。ちょっと時間設定のダイヤルをひねり間違えて目盛りを余分に回してしまったという感じだ。この番組本編と合わせて「JAGUAR天気予報」という深夜天気番組も始まった。

ぶっちゃけこの『Time Machine』と『ファイト！ファイト！ちば！』の2曲は、ちばテレビに作ると宣言してからわずか3日で作った曲なので、こっちとしては楽しくやれたけれど、久しぶりに観てくれたみんなはどんな気持ちで受け取ってくれただろうかと、ちょっと不安でもあった。いかんせん11年ぶりに作った曲である。だけどその分、溜めてきたものを出せた感触はあった。

復活から1カ月後となる4月6日、A面を『ファイト！ファイト！ちば！』、B面のほうを『Time Machine』にしたシングルをビクターからリリースする。実はちばテレビから今回の電話をもらってからちょっとしたタイミングで、どこでどう聞きつけたのかわからないけどビクターからも電話があり、「ＨＥＬＬＯ ＪＡＧＵＡＲ」復活で流される新曲をＣＤにして売らせてくれというオファーが来たのだ。そして、そのＣＤ解説は綾小路 翔くんに書いてもらうことになった。

〝これはボブ・ディランだ〟

翔くんは『ファイト！ファイト！ちば！』を最初に聴いたときに、そう思ったらしい。ジャガーさんは見た目こそメタルだが、その中身はディランであるというのだ。そしてもう一人、それとまったく同じことを感じた人がいた。高円寺の居酒屋でラジオから流れてきたその曲をたまたま耳にした、みうらじゅんさんだ。

小学生の頃にはサ　富津で潮干狩りだったっけ
君津の駅から電車で　アサリをいっぱい持って帰ったよね
中学生の頃にはサ　鹿野山と鋸山で
あなたの手を持ってあげて　頂上まで上ったでしょ

高校の夏休みに　二人で一緒に　館山の海水浴に行ったよね
帰りに勝山　保田　木更津の　海岸の散歩が楽しかったゼ
ファイト！　ファイト！　ちば！
夢を　たくさん　持って！

銚子の灯台ドライブで　スピード上げ九十九里浜で
八日市場　野栄　飯岡の　イワシがとっても美味しかったよね
社員旅行は勝浦で　鯛ノ浦で船に乗ったっけ
波で倒れそうなあなたを　抱きかかえてあげたよね
流山通り過ぎて　御宿の帰りにさ　養老渓谷　亀山行ったよね
帰りに鴨川　白浜　小湊の　水中のダイビング楽しかったゼ
ファイト！　ファイト！　ちば！
希望が湧いてきた！

矢切の渡し　乗ったっけサ　松戸　柏　利根川行って

成田の空港からお寺を見て　羊羹の土産買ってきたよね
新年会は浦安で　満腹にホテルの　バイキング食べたっけ
船橋　市川　本八幡　二人で一緒に帰ってきたよね
千葉から津田沼抜けて片貝までさ　ハマグリ焼いてみて食べたよね
帰りに八千代　佐倉　八街の　田園の風景が楽しかったゼ
ファイト！　ファイト！　ちば！
夢をたくさん持って！

――『ファイト！ファイト！ちば！』より

「世間的には韓国のポンチャックみたいなサウンドだと思われたかもしれないけど、でも僕にはわかりましたよ。どこかしらベースにボブ・ディランのメンフィス・ブルース・アゲインが漂っていたし、ちゃんと魂の部分が消えていなかった」
久しぶりに再会を果たして互いに喜びあったみうらさんは、その時の心境を話してくれた。高円寺の居酒屋で、あたかも絵の中の世界に引き込まれたかのような感覚になったという。

「出だしの『小学生の頃にはサ』を聴いて、ついに地球人になられたんだなと思ったんですけど、ボブ・ディランがよくやる絵画の中の世界みたいな歌詞法なんですよ。自分でもあるし、自分でもないという絵画を観たときのような距離感のある作り方。逆に言うとツッコミ満載ですよね」

「社員旅行は勝浦で」ってどこ行ってんだよ！　それＪＡＧＵＡＲ星人じゃないじゃん！　と笑うみうらさん。

「だけどジャガーさんは『ファイト！　ファイト！』って言うんですよ。小学校のときに潮干狩り行った、社員旅行は勝浦行ったって歌ってるのに、ファイト！　ファイト！　ちば！　って。変じゃないですかそれ。楽しかったなら別にファイトって言わなくていいじゃないですか。でもファイトなんですよね」

彼の目に光るものが見えた。

「いろいろあったよ、楽しいこともあったよ、だから今がんばろうぜ！　って千葉を通して、自分が言われてる気がして……涙が止まらなくなっちゃいました。その時、いろいろあって凹んでいた自分にものすごく胸を打つ歌詞だった。ジャガー版『負けないで』に聴こえたんです」

読めない地名が続くのが多少歌いにくいとツッコミながらも、糸井重里さんがジュリーに作った『TOKIO』のような、あの壮大な感じのメッセージが込められた千葉の歌だとみうらさんは言ってくれた。

「『TOKIO』も〝TOKIO〟っていうものが空を飛んだりしてますよね？　絵画みたいに架空のものが乱れ飛んでる。それをジャガーさんは『ファイト！ファイト！ちば！』でやってのけたんですよ。時代に残る完成形。もしベスト盤があったら堂々の第1位です」

第2期の「HELLO JAGUAR」には、ゲストとしてみうらさんも出演している。さらにみうらさんは、安斎肇さんとやっているJ-WAVEのラジオ番組でスペシャル放送までしてくれた。11年前のあの日、ジャガーが送った手紙をまだ取ってあると言っていて、なんだか照れくさかった。

また、シングル発売前日には30分のスペシャル番組「HELLO JAGUAR SPECIAL」を放送したり、事あるごとにちばテレビでは曲をかけてくれたこともあって、『ファイト！ファイト！ちば！』の反響は凄まじく、おかげで発売初日に完売することができた。それに続いて、8枚目となるアルバムのほうも遅れて6月にリリース。そっちのタイトルは『Time Machine』にして、その直前にも30分のスペシャル番組を放送。こちらも見事売り切れとなる。

その年の暮れ、みうらさんはジャガーに「みうらじゅん賞」を授与してくれた。

結局、キャンペーン終了に伴って2006年10月いっぱいで第2期の放送は終了する。1年8カ月続けた。その間に、千葉テレビだったちばテレビの名称も〝チバテレビ〟にまたもや変わっていた。

久しぶりの番組作りはとても楽しかったし、千葉の人たちはジャガーのことを忘れずに待っていてくれたのだと実感できて感激したし、大成功に終わることができたと思う。自分が楽しいと思ったことを相手にも楽しんでもらえる。これ以上に最高なことはないだろう。

先に紹介したファンサイトには、新たにこんな文章が付け加えられていた。

みうらさんと安斎さんに挟まれてうれしそうなジャガー。

「インターネットの力はすごいもので、その後少しずつだが確実に情報が集まり、状況が動き、ジャガーの話題を扱ったサイトもいくつか現れ、マスコミも動き出した。

そのうちジャガー本人もあちこちのジャガーサイトに現れ、活動復活をちらつかせていたが、ついに本人もサイトを立ち上げ、旧譜を販売し、テレビ番組を復活させ、新作ＣＤを発売し、現在ではあちこちメディアに出没するようになった。

時は変改す。かつての沈黙が嘘のように、今はジャガーが活動する時代なのである」

第一五章 ピーナッツのカラの中

たしかにインターネットの力はすごい。第2期で放送された「HELLO JAGUAR」はファンが録画して、それを2006年の暮れにできたばかりのニコニコ動画やYouTubeなどに勝手に上げて盛り上がっているようだ。まあ、ちばテレビ的にはこれについてどう捉えているのかはわからないけど、ジャガー的には曲のプロモーションになると思っている。

しかしながら当時はまだ復活したばかりということもあって「ジャガー」でグーグル検索しても、イギリスの車はさることながら、『ピューと吹く!ジャガー』という漫画作品か、「ジャガー横田」という女子レスラーの方について書いたブログばかりが出てくる。活動のブランクが如実に検索結果に出ているように思えた。

もっと頑張ってどんどん曲を作ってジャガーの活動をしていこう。

「HELLO JAGUAR」復活を機に音楽活動も本格的に再開したジャガーは、みうらさんに誘われてテレビ東京の番組に出て歌ったり、安斎肇さんとみうらさんが二人でやっている「勝手に観光協会」のライブに参加するようになった。後者のライブでは今はなきSHIBUYA-AXに、青森出身の人間椅子や、福岡出身のリリー・

フランキーさんなど、各県を代表するバンドやミュージシャンが一堂に会した。そこでジャガーは『ファイト！ファイト！ちば！』を歌ったところ、

「ふざけてるイベントだから出る側も観る側もふざけに来てるのに、人間椅子とジャガーさんだけは本気だった」

みうらさんからお褒めの言葉をいただくことができた。

2010年4月5日、ついに「ビ」がなくなったチバテレから、またもや枠を無償提供でというお誘いがあり、「HELLO JAGUAR」第3期が深夜2時からオンエアされることになる。これは半年くらい続いただろうか。

そしてちょうどその頃、とある音楽プロダクションからも電話がかかってきた。声の主は井戸雄次さん。のちにジャガーの地球上の親友となる人物である。

最初に電話をもらったときは立て込んでいて出られなかったので、あとでこちらからかけ直した。

「もしもし、ジャガーと申します。先ほどお電話をいただいたみたいで失礼しました」

「あ、ご本人様ですか！　お忙しい中、突然すみません。井戸と申します」

なんでも後日、井戸さんから聞いた話によると、電話帳を調べたらジャガーの電話番号がバッチリ載っていたのでびっくりしたのだそうだ。

「どういったご用件でしょうか？」

「『チャージマン研！』というネットで話題のアニメがあるんですけど、そのトリビュートアルバムを作ることになり、ぜひ1曲ジャガーさんに作っていただきたいんです」

『チャージマン研！』？　初めて聞くアニメだ。話によると、70年代に放送されていた作品でツッコミどころが多く、最近2ちゃんねるやニコ生などのネットで注目されているという。井戸さんは説明を続ける。

「音源だけ作っていただけたら、ミックスやマスタリングはこちらでやりますので、ぜひお願いいたします」

「あ、いや、ミックスもマスタリングも自分でやります」

何気ない仕事の依頼、という電話の内容だった。

しかし受話器を置いたあと、ジャガーはうれしさがこみ上げて天にも昇る気持ちになった。人生初、否、JAGUAR星人に対する地球人からの史上初めての楽曲の制作依頼だったのだ。それまでに『ファイト!ファイト!ちば!』などのキャンペーンソングを書いたこともあったけれども、それらはすべてジャガーのほうから自発的に書いたもの。〝音楽〟という自分が売りたいものがその価値を認められて、こういう形で依頼されたのはこれが初めてだった。

こうしてジャガーは『KENとJAGUAR』という曲を書いた。7分45秒のロックオペラで、途中でテンポが変わったりするかなり凝った曲だ。そしてその曲は、大槻ケンヂさんや掟ポルシェさん、ロリータ18号、モダンチョキチョキズの磯田収さんたちが作った曲とともに『チャージマン研! Tribute to Soundtracks vol.1』に収められて、2010年10月に発売された。

もちろんみうらさんに、『KENとJAGUAR』が収録されたこのアルバムを宅急便で一箱お送りした。どんな感想を聞かせてくれるだろうか。

それからしばらく経って、料理音痴のみうらさんが見よう見まねで作る手料理に舌鼓を打つテレビ番組「マイブームクッキング」の出演オファーが来た。

スタジオとして使っている店に入ると、みうらさんはシェフとしてカウンターの中に立っていて、常連客のウクレレえいじさんが席に座っている。その隣にジャガーも座ろうとしたら、横に伸びた肩のツノがウクレレさんに刺さりそうになった。

「それちょっと脱いでもらえません?」

みうらさんが慌てて言ったのがおかしかった。そして初対面となるウクレレさんにジャガーのことを紹介する。

「僕はJAGUAR星で同級生なんですよ」

「おいくつなんですか?」

不思議そうな顔をして聞いてくるウクレレさん。みうらさんが答える。

「JAGUAR星って年齢ないんですよね?」

「JAGUAR星に行くと岩とか石っころですから。物体なわけですよ」

「ジャガーさんも?」

「そうです」

唐突に岩や石っころだと言ったせいで、ウクレレさんはぽかんとした顔をしている。どうやって説明していこうかと考えていたら、笑いがこみ上げてきて我慢できなくなってしまった。

「あの、ほら、漬物にこう乗せる……」

「漬物石!?」

「でももっと巨大なものですけどね。富士山の2倍ぐらい」

そこでみうらさんからフォローが入る。

「虚言癖じゃないですよ。JAGUAR星の話だから」


そこから『JUNとJAGUARは同級生!』という曲があるという話題になり、みうらさんは『チャージマン研!』について話し始めた。

「こないだ『チャージマン研!』っていうアニメのサントラにジャガーさんも参加されて、『KENとJAGUAR』という曲を作られたんですけど……なんかタイトルが似てるでしょ? そう思って曲をかけてみたら、♪KEN〜JAGUAR〜って〝JUN〟が〝KEN〟になってるだけなんですよ! 音全部一緒なの!」

たしかに言われてみれば、『ＫＥＮとＪＡＧＵＡＲ』の冒頭は、『ＪＵＮとＪＡＧＵＡＲは同級生！』とまったく同じ曲だ。

「まあ、偶然の一致ですね」

ジャガーが焦りながらそう言うと、店内は大爆笑に包まれた。でも一応付け加えておくと、『ＫＥＮとＪＡＧＵＡＲ』はその先で突然転調しまくる壮大なロックオペラなので、ぜひとも聴いてもらいたい。

「人生も料理も迷ったら中火」

「マイブームクッキング」でみうらさんが残した名言である。しかし、ジャガーには〝中火〟がない。〝強火〟か〝生〟しかないようだ。つまり、昔から自分には〝やる〟か〝やらない〟しかなく、やるとなればとことんやって、ちょうどいい塩梅というものがないように思える。

料理についても同様だ。奇しくもみうらさんがこの料理番組をやっていた頃、ジャガーは猛烈に料理にハマっていた。それまでは洋服直しの従業員たちを慰労する目的もあって、ずっと外食をして飲み歩き続けるという生活を送っていたのだけれど、ひどいときは昼過ぎからもう飲み始めていたような暮らしぶりだった。しかし、それを何十年も続けていると、だんだん身体の調子もおかしくなってくる。そこである日思い立って禁酒をしてみたところ、翌日は嘘のように身体が軽くなった。しかもその分、1日の時間が有効に使える。

それに気づいて以降、外食を一切止めて自炊を始めた。すると、元来モノ作りが大好きな性分からか、見事にハマってしまったのだ。

黒豆、とら豆、白花豆、紫花豆など、あらゆる豆を買ってきて2日がかりで煮込み、どれが一番うまい煮豆になるのかを試してみたり、岩塩も何種類も揃えてひとつひとつ吟味して、どの料理にはどの岩塩が合うか、ベストマッチを探してみたりした。それらを挽く電動ペッパーミルも何台も出ているので、片っ端から買ってきて性能を比較したりなんかもした。

肉は鶏肉以外食べなくなった。もともとジャガーは海が好きということもあって、もっぱら魚が中心だ。近所にいい魚屋があるので、いつもそこへ行って1時間くらいかけてじっくりと選ぶ。海に泳ぎに行ったときに銛で捕まえたメバルなどの魚を料理することもある。

お米は玄米が基本だ。それにひよこ豆や緑豆、黒豆、小豆などを混ぜて炊き込む。ちょっとご飯の粒が硬いときもあるけど、それと一緒に掻き込む玉子納豆は最高だ。ちなみに納豆はナンプラーをかけるのがオススメ。ジャガーはそれにプラスアルファとして、七味唐辛子、黒胡椒、山椒の粉、カレー粉なんかも入れてよく食べていた。

朝は必ず、小分けにされたタッパから50種類のナッツやドライフルーツ、佃煮を選び出し、そしてニンニクを1かけ、梅干しを2個食べるのが日課になった。午後は必ず、近所の喫茶店でコーヒーを飲む。これが唯一の外食だ。

ちなみにこの頃、洋服直しの従業員から勧められた社交ダンスにもハマって、もともとライブハウス「JAGUAR CAFE」が入っていたビルの地下1階に「ダンス処MIX」というダンス教室もオープンさせた。

そこで毎日汗をかき、食材は全部自分で見て選ぶようになり、使うものは原型を残している食材のみで、加工食品はまったく使わなくなった。玄米、野菜、果物、魚中

ジャガー食のおかげでいくつになっても体型維持。

心の食事に、アルカリ水を大量に摂取するようになったおかげか、ジャガーの体調は絶好調になる。自分で自分の健康を考えて食べることって大事なのだな、と改めて思った。

しかし、このジャガー食を客人に振る舞うとみんな一様に声を揃えてこう言う。

「辛い」

どうもスパイスを入れすぎているというのだ。外国人の賑やかなパーティーに出てきそうなハーブの効いた料理、とも言われた。

また、ある日の食事会では、

「なんで味噌汁にいちごやぶどうが入ってるの!?」

と、驚かれたこともあったが、

「それは固定観念であって、ジャガーは料理は自由だと思ってるから、あんまりこだわらないほうがいいと思うよ」

と、返しておいた。実際、味噌汁にいちごやぶどうは味として悪くはない。

ちなみに、昔から毎月の恒例行事としてカラオケ大会とセットで行なってきたカレーパーティーのほうは、いつしか人から「ジャガーカレー」と呼ばれるようになっていた。

定番は手羽元とナスのカレー。マグロを使うこともある。他の料理だとスパイス多めという声が、カレーだと途端に本格インド風みたいになってちょうどよくなるようで、みんなうまいうまいと言って食べてくれる。

ただ、

「付け合わせとして、リンゴやキュウリを丸ごと渡されてびっくりした」

「ペットボトルのキャップ3個分のご飯しか盛ってくれないから、ルーとご飯のバランスがおかしい」

とも言われておかしくなった。ジャガーカレーは個性的なのだ。

『チャージマン研！』でお世話になった井戸雄次さんにも声をかけて、カレーパーティーに招待した。井戸さん以外は全員従業員のおばちゃんたちなので、多少戸惑ったような顔をしていたけど、うれしそうな声でこう言われた。

「たった一度の仕事のお付き合いなのに、こんな場に呼んでいただいてありがとうございます。こんなことあまりないですよ」

井戸さんは家にレコードが2万枚もあるという音楽通だ。もちろんジャガーのことも若い頃に「宝島」を読んだり、ラジオで聴いて知っていて、しかも不思議なことに「HELLO JAGUAR」の映像を地元福井のテレビで観た記憶まであるという。

ボブ・ディラン、吉田拓郎、ザ・ローリング・ストーンズ……。井戸さんとする音楽の話に熱中した。初めて音楽の友達ができたような気がした。


KENとJAGUARは魔王を　やっつけました！

地球は平和になりました！

KENは大ケガをしたのです　JAGUARに抱きかかえられて
スカイロッド号に乗り込んで　JAGUAR星に帰っていきました

KENとJAGUARはサ

ピーナッツのカラの中で二人一緒に仲良く暮らしました
ピーナッツを食べるときには　ＫＥＮとＪＡＧＵＡＲを
思い出してくださいね！

じゃあ、また逢おうゼ　じゃあナ～　イエ

――『ＫＥＮとＪＡＧＵＡＲ』より

２０１１年3月11日。そんな平和な日々を突如襲った東日本大震災。千葉県は外房も内房も大津波警報が発令され、実際に犬吠埼から屏風ヶ浦、そして九十九里の沿岸を津波が襲い、また市川市行徳や浦安、我孫子では液状化現象も発生。市原のコスモ石油の製油所では液化石油ガスのタンクが爆発した。もはやピーナッツのカラの中に収まっている場合ではない。

「社長～っ！　地震～っ！」

階下の木戸さんが頭を抱えながらビルの中から表に飛び出す姿が窓から見えた。
ジャガーの住む市川市は震度5弱で、本社ビルはなんとか持ちこたえてくれたけど、いくつかの洋服直しの支店では被害が発生した。ライフラインも寸断され、電話はまったくつながらないので状況の把握もなかなかできない。そこで車に乗って一軒一軒を回って被害を確認しようとしたけれど、そのためのガソリンを確保することにさえ大変な苦労をした。

そんな時に大変役に立ったのがTwitterだった。テレビなどのマスコミは、近所のどのガソリンスタンドがまだガソリンを売っているのかといった地域の細かい情報までを網羅してくれないけど、Twitterではそういった情報が流れてくる。また、YouTubeを見ると、被災地から無数の津波動画が上げられており、自分が経験したこの地震がいかに歴史的大災害だったのかと目が釘付けになった。

今になって振り返ってみると、日本でTwitterやYouTubeが広まったのも、この災害がキッカケだったような気がする。まさにスマホが普及しつつあった時期であり、それらサービスの利用者が増えたことで、ネットを通して自分で発信することが当たり前の時代になったのだ。

当然のことながらジャガーもまたその大きな流れの中にいて、この頃にはテレビよりもネットでの発信を重視するようになっていた。Ｔｗｉｔｔｅｒは２０１１年１月から開始して、２０１２年くらいから最初はニコ生やＵｓｔｒｅａｍが、やがてＹｏｕＴｕｂｅ、さらにツイキャスも加えて四次元同時生配信を始めるようになった。これが「ＨＥＬＬＯ ＪＡＧＵＡＲ」第４期だ。ジャガーが裏声で担当する相棒キャラ、ワトソンくんが登場したのもこの頃だったと思う。

ネットを使えば、いきなり全国放送どころか全世界放送になる。しかも、視聴者が自分の好きなときに観ることができる。また、ＣＤだってレコード店を経由せずに直接販売もできるわけだし、なんならＣＤにすらしないで音源データのみを販売することもできる。

そして、これは一番重要なポイントでもあるのだけど、ネットでは何より結果が数字としてすぐに出てくる。いち経営者としてこの点はとても魅力的だ。

しかしながら、理想は現実ではなかなかうまくいかない。ニコ生、Ｕｓｔｒｅａｍ、

YouTube、ツイキャスを使った四次元同時生配信もいつも必ずどれかの映像や音声が出ないというトラブルに見舞われて、なかなか四次元が達成できなかったし、初めてYouTubeにアカウントを開設した際には、河崎実監督からこんな連絡をいただいた。

「ジャガーさん、アカウントが本名のままですよ」

慌てて修正した。ネットは便利な半面、こういうミスにも気をつけなくてはならない。一寸先は全世界だ。

でも機械いじりは昔から好きなので、パソコン3台、マルチモニター14画面を全部自分で組み上げた。カメラに至っては20台もある。それをすべて自分でスイッチングしながら、一人でしゃべって、一人で歌って、一人で音楽を鳴らす。そうなるともう、どのカメラが回っているのかわからなくなることもたびたびあったし、ブレーカーが全部落ちて真っ暗になったこともあったけど、まあ、そういったハプニングがあることも、生配信の面白いところといえるだろう。

最終的にマルチモニターの数は30画面まで増えることになった。さらにその勢いで、

巨大マルチモニターを操作するジャガー。
もちろん全部自分で組み上げた。

本業の洋服直しの支店にもカメラとモニターを設置して、常に従業員とコミュニケーションが取れるようにした。何かあればどこの支店にいようとすぐにジャガーと連絡が取れるし、さすがにそんな人はもういないと思うけど、カメラもあるので昔みたいに悪いこともできない。

そして寝室のベッドの脇にも40インチのモニターを2台置いて、さらに天井にはもう1台のモニターも設置。寝ながらにして世界中の情報がネットを介してすべて手に入る環境を構築した。そのモニターを見ながら刻々と変化してゆく国際情勢や、YouTubeで見つけた新しい音楽に夢中になって、たしかその頃はヨーロッパの誰も知らないようなマイナーなヘビメタバンドばっかり聴くようになった。

そしてその話を、音楽友達の井戸さんにする。

「へ〜、そんなバンドいるんですね。聴いてみます」

なんだかクラスでレコードの貸し借りをしているようで楽しい。しかし、お互いいい歳同士。話題はいつも結局ボブ・ディランやザ・ローリング・ストーンズになってしまう。

「ジャガーさんの音楽は、ボブ・ディランと吉田拓郎のミクスチャーみたいなところがありますよね。あの歌詞の置き方とか、譜割が独特で誰も真似できない。フォーク・ロックなんだけど、いろんなものが混じってる」

井戸さんにそう言われて創作意欲が刺激されたジャガーは、最も影響を受けたアーティストであるボブ・ディランのカバー曲を作って、生配信で『Like a Rolling Stone』を同時通訳するような気持ちで披露した。

ディランはジャガーにとっては神のような存在である。詩はよくわからなくてただただ暗いのだけど、独特の歌いまわし、歌唱能力、音楽性など、もう言葉では表現できない魅力に溢れている。言葉にはできないからこそ、このジャガーの気持ちをカバー曲で表現してみようと思ったのだ。

そうしてカバーした『Things Have Changed』『Knockin' on Heaven's Door』『I Want You』といったディランの名曲、そしてザ・ビートルズの『I Saw Her Standing There』、ジェームズ・ブラウンの『It's A Man's Man's World』は、2013年3月に出した9枚目のアルバム『だまってJAGUARに、ちゃんとつい

て来い！』に収録されている。

そして、同じ年の8月には立て続けに10枚目のアルバムとなる『ファイト！いちかわ！』をリリース。この表題曲は市川のケーブルテレビ局から頼まれて作ったもので、その番組で初披露することになった。『ファイト！ファイト！ちば！』のときと同じように、この曲の歌詞には「八幡の藪知らず」や「真間川の散歩道」など、市川市内のたくさんの地名やスポットをちりばめている。でもよく聴くと、「ディズニーランド（浦安）」や「矢切の渡し（松戸）」など、厳密には市川市をちょこっとはみ出てしまう地名が出てくるのはご愛嬌といったところだろうか。

このアルバムには『JUNとJAGUARは同級生！』『JUNとJAGUARは冒険王！』『JUNとJAGUARは確珍犯！』という、みうらじゅんさんとの友情3部作の他、ジャガーの代表曲のひとつとなった『Lonely Planet Boy』も収められている。

『Lonely Planet Boy』。この曲を書いたキッカケは、その名も『ロンリープラネットボーイ☆』という映画の出演オファーだった。オファーの主は沢村東次監督という方で、本業は自動車整備工場を経営している。しかし、根っからの映画好きで本業の傍ら『ちば映画祭』というイベントを立ち上げたほどだ。

彼もまた思春期の頃に「HELLO JAGUAR」を観ていて、バンドもやっていたそうだ。しかし、漫画家だったお兄さんが脳梗塞でお亡くなりになったことから、やりたいことはできるときにやっておかないと、と奮起して、40歳を過ぎて初映画作品を作ることを決意したという。

沢村監督は、千葉でやりたいことをやっている代表としてジャガーに声をかけてくれ、その熱い気持ちに動かされて出演を快諾した。この映画は、怖い先輩に脅されてお金を集める中学生の青春ドラマだ。ジャガーはそこに本人役として出演している。

ジャガーは映画撮影に刺激を受けて、その映画のイメージ曲『Lonely Planet Boy』を監督から頼まれたわけでもなく、自発的に書いた。とてもとても悲しい曲で、自分で録音しながら思わず涙が出てしまった……という曲である。

のちに沢村監督はもうひとつ作った映画のイメージ曲『KENJIとJAGUAR』のPVを撮ってくれることになる。ちなみにこれはタイトルこそ酷似しているものの、井戸さんからの依頼で作った『KENとJAGUAR』とは中身がまったく異なる曲だ。

思えば21世紀に入ってから、氣志團の綾小路 翔くんをはじめ、井戸さんや沢村監督など、かつてジャガーをテレビで観たり、雑誌で読んだり、ラジオで聴いたりしてくれた世代が支えてくれるようになって、ともに仕事をする機会に恵まれることが多くなった。

いつか翔くんはこんなことを言っていた。

「ジャガーさんは千葉テレビだけじゃなく、『パオパオチャンネル』や『宝島』にもバンバン出ていたので、てっきり全国区だと思ってました」

たしかに千葉県民目線で考えたら、そう錯覚してしまったのも無理はないだろう。しかしながらこの頃の千葉は、本当に全国から注目を集める県となりつつあった。奇しくもみうらさんがこの世の中に生み落とした「ゆるキャラ」の活躍である。

我らが千葉県からは、ふなっしーやチーバくん、そしてちば犬といったゆるキャラたちが誕生して全国を席巻し、その勢いに押されるような形でJAGUAR星人である ジャガーも、ゆるキャライベントに呼ばれるようになった。彼らはいわば「ゆるキャラ」という概念を生み出したみうらさんの子どもたちのような存在だ。彼らから見ると、ジャガーは〝叔父〟みたいなものなのだろう。

ある日、Twitterでこんな質問をされた。

「初めまして。質問ですが、同じゆるキャラとして(失礼)、ふなっしーにどのような思いを?」

それに対して、こう返した。

「ジャガーはゆるキャラではない！　ハードキャラなのでア～～ル！」

ちなみにふなっしーは船橋の非公認キャラだったせいなのか、意外とジャガーと共演したタイミングは遅く、ブーム発生から5年ほど経った2018年まで待たねばならない。千葉県内で開かれた、とあるインベントでご一緒させてもらった。

のちに京葉ガスのキャラクター、がすたんを加えた3人で京葉ガスのCMに出たところ、赤いジャガーと黄色いふなっしーと青いがすたんはいつしか「千葉アベンジャーズ」と呼ばれるようになったみたいで、そこに翔くん（黒）や、プロバスケチーム・千葉ジェッツのキャラ、ジャンボくん（ピンク）も加わって5人体制になった。それで特に何か活動をしたわけではないけど、ジャガーからすると、まさに次世代たちとの共演である。

第一六章 お母さん！

2014年、「最前列のチケットが手に入った」と井戸さんに誘われて行った、ザ・ローリング・ストーンズの東京ドーム公演を観た年に、あることを思いついた。

そうだ、母にジャガーのライブを観せてやろう。生前の父はよくジャガーのライブに来ては絵を描いていたけど、実は母は一度も来たことがない。

すっかり高齢になった母は船橋の老人ホームにいた。どうせならミック・ジャガーのように東京ドームを貸し切りにし、そこに母を呼んでライブをしたいところだけど、母がまだ元気なうちに、老人ホームに簡易的なステージを作って歌おうと思いついたのだ。

その話を兄弟にしたところ、早速、老人ホームの所長さんに相談してくれた。すると幸いにも、所長さんがジャガーファンだということがわかり、ぜひやりましょう、ということになって実現に向けて動き出したけれど、仕事の関係で所長さんのいる日にジャガーが行けないことになり、結局歌はなしになってしまった。


たしか、爆笑問題のラジオ番組に2時間くらい生出演した日だったと思う。スタッフの方から番組の最後にまた出てほしいからと、もう1~2時間ほど待ってもらえないかと言われたけど、それを丁重にお断りして、ジャガーの衣装のままタクシーで母が待つ老人ホームへと向かった。

ホームに着くと、車椅子に座った母がいた。歳をとった小さな小さな母だった。ジャガーは人生で初めてジャガーとしての姿を母に見せた。この地球に生を受けて、もう70年が経とうとしていた。

母は最初はキョトンとした顔をしていたけど、ホームのスタッフさんがカレンダーを持ってきて、それにサインをしているこちらの姿を、微笑を浮かべながら見てくれている。生来の派手好きだからなのだろうか、喜んでいるように見えた。

そして最後に一緒に写真を撮った。

久しぶりにサ　お母さんのことをサ　思い出してサ
星から帰ってきたんだゼ〜ッ！
ＪＡＧＵＡＲが赤ん坊の頃にサ　お母さんに
おんぶされて　出かけたときに
中野の坂道で　ＪＡＧＵＡＲのサ

オシリをハチに刺されちゃったよネ　イエ〜〜
自転車に乗ってるお母さんってサ　すごくカッコ良かったよネ
髪の毛　長くしちゃってサ　すごく派手な格好だったよネ
イエ〜〜！

お母さんの作ってくれたお弁当ってサ
イワシの煮付けが　おいしかったよネ
お母さんって　パーマ屋さんによく行ってサ
すごく　オシャレだったよねネ
イエ〜〜！

お母さん！　どうしちゃったの？　ネ〜〜ッ
この前より　痩せたんじゃないの？　ネ〜〜ッ
顔色が良くないよ！　本当だよ！　おいしいものをたくさん食べてくださいネ
お母さんって具合が悪くてもサ　すぐに治ったじゃない？　丈夫だったのにサ

熱を出したときにはサ　レモンを絞ってサ　熱くして飲んでくださいよネ〜〜
お母さ〜〜ん!!　早く治って〜〜!!
一緒に買物にサ　行きましょうよネ〜〜ッ！
お母さ〜〜ん!!　どこに行ったの？
また一緒に　温泉に行きましょうよネ〜〜ッ！　熱海にサ
お母さんと一緒に　オモチャを買いに連れて行ってよネ〜〜ッ！
約束だヨォ〜〜！
JAGUARと一緒に　銀座までサ　行きましょうよネ〜〜ッ！
お母さ〜〜ん!!　連れて行ってよネ〜〜!!
どこへ行ったの〜〜！
行きましょうよネ〜〜ッ！
待ってるヨォ〜〜！
連れて行ってよネ〜〜ッ!!
帰ってきて〜〜！
イエ〜〜！

お母さ〜〜ん!!

――『お母さん!』より

翌年の2015年、母は永眠する。東京大空襲で命からがら赤子のジャガーを助けてくれたのも、高校時代に初代JAGUAR号の製作を支援してくれたのも、いつも住む場所を見つけてきてくれたのも、起業を裏から支えてくれたのも、すべてお母さんだった。それこそ何もなかった千葉からここまで、たびたび東京で行方をくらますものの、一緒に歩んできた大切な大切な人だった。

そんな母に捧げたこの曲『お母さん!』は、11枚目のアルバムとなる『お母さん!』に収録され、2016年の12月にリリースした。日本テレビの深夜番組「月曜から夜ふかし」で、その制作過程と、袖ケ浦の東京ドイツ村からの生中継ライブをご覧になった方もいるのではないだろうか。

「月曜から夜ふかし」に初めて出たのは、母が亡くなってほどない2015年10月の

ことだった。MCは、千葉は稲毛出身のマツコ・デラックスさん。番組で「HELLO JAGUAR」の冒頭が流れるや、

「アレを観て育ってるから私たちは強いのよ。あの時代の千葉県民はみんな強いの」

そうマツコさんは言ってくれて、その日はTwitterのトレンドに「ジャガーさん」というキーワードが入ったり、ジャガーのWikipediaにアクセスが集中してページが表示されなくなったりしたようだ。

「あっジャガーさん懐かしい！　やだ16：9の画面で観るの初めて!!」

そんな声もネット上で見かけた。この番組によって昔からのファンの記憶のスイッチが押されただけでなく、新しい人たちにも届いたようで、

「ねえ、マツコ・デラックスが千葉テレビの話をしてるんだけど、親父はこの番組のこと知ってる？」

「知ってるも何も、俺がこの番組の担当だったんだ……」

「え～～～～っ!?」

まさか「HELLO JAGUAR」を立ち上げた本人だと知らずに聞いた息子さんから驚かれた、元千葉テレビの櫻井守さんの姿もあった。

それ以降、ジャガーはたびたび「月曜から夜ふかし」に呼んでもらえるようになり、同時にあちこちの会社からグッズ化のオファーや、イベントの出演オファーが殺到する。船橋のららぽーとで行なわれたイベントでは悪天候で電車が止まったりしたにもかかわらず、1000人もの人々が集まってくれた。

そこから先は、皆さんがよく知っている〝今のジャガーさん〟になったのだと思う。

2015年の年の暮れ。ジャガーは渋谷の「道玄坂ロック」という小さなロックバーでミニライブ&トークショーをした。地球の親友である井戸雄次さんが、愛蔵のアルバム2万枚とともに始めたお店で、リクエストしたらそれをかけてくれるスタイルのバーだ。

その話を聞くや、何か力になれたらと思ってイベント出演を申し出た。その頃のジャガーはすっかり忙しくなっていたけど、井戸さんには現場へ連れて行ってもらったり、仕事の契約上の相談に乗ってもらったりなど、何かとお世話になりっぱなしだった。

井戸さんに会うと、古い友達のような感覚がしてどこかホッとする。ちなみにジャガーはもう10年以上テレビを観ていないし、「月曜から夜ふかし」ですらただ出るだけで観ていないので、井戸さんとの会話には芸能の話が一切出てこない。いつどんなときでも決まってボブ・ディランやザ・ローリング・ストーンズなどの音楽の話になるのだ。

「キースも弾けなくなって、ミック・ジャガーもテンポもキーもすっかり落としてねえ……。まあ、現役でやってるってだけでも十分いいですけど」

井戸さんが切り出すと、ジャガーもその話に乗る。

「長渕剛も『英二』や『勇次』の頃の作品はすごかったけど、最近のは個人的にはあまり……かな。だけど、最近のアルバムを聴いても最初の頃と変わってないような人って多いよね。ポール・マッカートニーもそうじゃない？」

「ジャガーさんはうちの若いスタッフとも普通に話せる感覚の持ち主なのに、そこだけやたら世代が出ますね」

「ジャガーの場合は進化し続けてるから、そう見えるんだよね。ある程度アレンジの方向が固定化されちゃってて、変化がないように見えるというか……」

「音楽やファッション面ではそうですけど、ジャガーさんご本人自体は、きっとどれだけ売れても変わらないですよ」

まるでクラスの片隅で語り合う、気の合う高校生同士のようだ。

「道玄坂ロック」にはその後、何回かお邪魔してトークショーをやっては数千枚のレコードに囲まれながら音楽談義をした。あるいは、井戸さんにうちのカレーパーティーに来てもらって話し込むこともある。それが多忙を極めるようになったジャガーのささやかな楽しみだった。


「牧彦は全然変わらないよね」

同じことを姉や妹からも言われた。

「昔からやってることも言ってることも全然変わらない」

「でも、続けるのがすごいよね」

「衣装ばっかり進化して、ヒールがどんどん高くなって足が伸びて、こないだなんてうちの玄関から上がれなくなってたのよ」

姉の話にドッと笑い出す家族のみんな。

「それでうちの玄関前でモジモジしてたら、その姿をご近所さんに見られちゃって、あとで『あの人、仮装行列から帰ってきたの？』なんて言われちゃったのよ」

涙が出るほど笑ってしまった。すかさず別の奥様が「違うわよ、あの人、ジャガーさんっていう芸能人なのよ」とフォローを入れてくれたらしい。

ちなみに姉もだいぶ高齢になってきたので、ちょっと前に姉の家に行って、コンロをＩＨに替えてあげた。兄弟全員歳を取ったせいなのか、だんだんみんなの顔つきが似てきたような気がする。


「月曜から夜ふかし」に出たことで再び世間から注目が集まっていったさまは、何か今までじっくり仕込んできた歯車がひとつひとつ噛み合って、大きな装置が動き出したかのような感覚だった。まさに『ＪＡＧＵＡＲ現象』といったところだろうか。

これは夢に近いものなのかもしれない。そもそもが夢を売る商売なのだから、きっとそうなのだろう。これまで多少の浮き沈みを経験して、ジャガーはそう考えるようになっていた。昔ならメディアでの扱われ方などを気にしていたかもしれないけど、今はそれでみんなが少しでも元気になってくれるなら、せっかく見た夢を楽しんでみようじゃないか。今はそういう気持ちだ。

マツコさんもまた、ジャガーを夢の存在のままでいいと考えている一人なのだと思う。というのも、たびたび番組に呼んでいただいているにもかかわらず、実はまだ一度も実際にお会いしたことがないからだ。

楽屋がたったひとつ向こうであっても、軽く挨拶すらしたことがない。

「ちゃんとした企画でないと、ジャガーさんにお目にかかることはできないと言っているんです。そうじゃないと千葉の英雄に失礼だからと……」

番組のスタッフの方からそう聞いた。マツコさんはあくまでも、かつて高校時代に観た「HELLO JAGUAR」の中のジャガーであってほしいと望んでいるのだろう。スターにはスターであってほしいのだ。

それを汲み取ったジャガーは、実はマツコさんのために曲を作って用意していたけど、それを披露することをやめた。お互い千葉テレビを介してつながっていたあの頃のままでいることにしよう。

ＨＥＬＬＯ　ＪＡＧＵＡＲで～す！　みんな元気か～い!?

ＨＥＬＬＯ　ＪＡＧＵＡＲです　みんな元気かい
今日はみんなと　ＪＡＧＵＡＲのロックショー
怪しい夜の暗闇が来た　今日はＪＡＧＵＡＲの空想世界
ゆらゆら揺れる夢の中　ＪＡＧＵＡＲとみんなのランデブー

ぼたんの花はナイスカラー　すみれ色した別世界
奇跡のような巡り合い　優しいＪＡＧＵＡＲのプレゼント
バラの花に囲まれて　ＪＡＧＵＡＲの夜はワンダフル

——『ＨＥＬＬＯ　ＪＡＧＵＡＲ』より

２０１６年、ボブ・ディランがノーベル文学賞を受賞し、ジャガーはチバテレ社長賞を受賞した。

「文学賞はちょっと違う気もしますけど、それだけ偉大だということですね。ノーベル賞以上の存在だと思います」

千葉日報からディラン受賞についてのコメントを求められて答えたところ、それが新聞に載った。


その年は、千葉テレビが開局してちょうど45周年に当たる年だった。その応援団長に任命されたジャガーは、『ファイト！ファイト！ちば！』のときと同じように新たなキャンペーンソング『スマイル・ウィズ・ユゥ！』を制作して、さらに5月から第5期として「ＨＥＬＬＯ ＪＡＧＵＡＲ」を2カ月限定で再び放送することになった。するとたまたまディランがノーベル賞を受賞するタイミングで、チバテレの知名度アップに貢献したとしてチバテレ社長賞をいただいたのだ。ある意味、ダブル受賞である。

予想どおり、やっぱりディランは授賞式には行かなかったけど、ジャガーは授賞式に参加した。そんな律儀さを買われたのだろうか、その後、〝終身名誉応援団長〟という肩書きになることになった。

千葉日報の新聞広告には「チバテレ45歳？　まだまだ若造だな」というキャッチコピーが原寸大のジャガーの顔写真とともに載った。しかし、世を忍ぶ仮の本業「洋服直し村上」の創業ですらチバテレ開局の3年前。もうかれこれ半世紀が経とうとしている。文字どおり、45歳ではまだまだ若造だろう。

一方で、その年にちょうど40周年を迎えた千葉パルコは閉店することになり、「40年ありがとうプロジェクト」としてトリのイベントを務めさせてもらうことになった。ここはパルコになる前は、もともと田畑百貨店だった。それこそ本八幡駅前にあった映画館が火事になったくらいの時代に、この百貨店も大火事になった。昔は本当に火事が多かったものだ。

そんな感じで実に多忙な2016年も終わりを迎えつつあった頃、あるイベントの握手会で女性ファンから話しかけられた。

「いつも応援しています！」

「ありがとうございます」

「ジャガーさんって一見奇抜で『バカヤロー』とか言いそうなのに、実際は『そうでございます〜』っていう拍子抜けする感じがたまらないです！」

イベントでよくお見かけする顔だった。名前はりーちゃんという。聞けば、「月曜から夜ふかし」でファンになって以来、6月9日のロックの日にやった横浜のハードロックカフェのライブなど、毎回イベントがあるたびにご友人やご兄弟と参加しているのだそうだ。

「ハードロックカフェの直後にやった、井戸さんのロックバーのイベントにもいらしていましたよね？」

「はい、行きました〜！　私、こないだ週刊新潮さんに熱狂的なジャガーファンとして取材されてモノクロですけど写真が載ったんですよ」

「ああ、その写真ならイベントのカメラマンが撮ったものなので、フルカラーで持ってるはずですよ。次のイベントでお会いするときにお渡ししますね」

次のイベントにもやはりりーちゃんは来ていた。イベントが終了してジャガーは約束どおり写真を彼女に渡して、こう言った。

「こういう活動に興味あります？　もしよかったら一度見学に来ません？」

「え、いいんですか？」

それからわずか数日後、衣装や電飾といった大量の荷物とともに「月曜から夜ふかし」のロケバスに乗っている彼女の姿があった。いつもとは違ってちょっと不安そうな顔をしている。


向かった先は八王子の山奥。途中、コンビニにトイレ休憩で立ち寄った際に、彼女はスタッフさんから声をかけられた。

「ジャガーさんのマネージャーの方いらっしゃいますか？」

キョロキョロと周囲を見渡す彼女。バスの中にジャガー関係者は誰もいない。突然、現場に投入されて戸惑う彼女をよそに、スタッフさんは話を続ける。

「今回のロケは心霊スポットなんですけど、その内容をまだジャガーさんに伝えてなくて……あとで怒られたりしますかね？」

「え、あ、う～ん……大丈夫ですよ、きっと」

もう彼女はそう答えるしかなかった。これがジャガーにとっての初の専属マネージャーとなる、りーちゃんの誕生だ。

意外かもしれないけれど、わりと最近までジャガーには専属マネージャーがいなかった。その役目さえも、木戸さんをはじめ、洋服直しの従業員や周囲の知り合いなどにお願いしてなんとか回していたのだ。

「……そちらはお母様ですか？」

番組やライブのスタッフさんに、驚かれながら聞かれたことも数度ある。

結局この八王子ロケは、撮り直しに行くはめになってしまった。受話器から女の子の声が聞こえるという心霊電話ボックスの撮影だったのだが、遠くを走る車の音など、周囲のわずかな騒音が入ってしまっていたというのだ。

「……再挑戦お願いできませんか？」

番組スタッフに懇願されて、りーちゃんと一緒に再び深夜の八王子に向かうことになった。ところがいざ電話ボックスに入ろうとしたら、衣装が引っかかって入れない……。そんなオチが後日放送された。

こうしてりーちゃんとの二人三脚の日々が唐突に始まった。次の現場は大阪だ。大きな荷物を抱えて東京駅から新幹線に乗ろうとしたら、今度は鉄道警察4人に囲まれた。

「あんた何やってるの？」

「ちょっとバッグ開けさせてもらうよ？」

中から大量のトゲが出てきた。

「これ何？」

「あ、いや〜、あの、劇団員なんです……」

とっさの切り返しを見せるりーちゃん。採用してよかったと思うと同時に吹き出してしまいそうになった。

「へー、劇団員なんだ？」

「はい、これから大阪で他のメンバーと落ち合うことになっていまして……」

「これ全部あんたのモノ？」

「そうですそうです」

冷や汗をかいている彼女の背中を見ながら、ジャガーはこっそりちょっと離れたところに移動して、堪えていた笑いを放出させた。

警察からの疑惑をなんとかくぐり抜け、ようやく大阪に着いたのもつかの間、荷物を開けて確認してみたら、肝心のジャガーグローブを忘れていることに気がついた。アレに似ているものなんて、広い大阪の街といえど、どこにも売っていない。どうしようもないので、結局、運転手さんがしているような白い綿の手袋をはめてその場を乗り切ることになった。

現場から撤収するときに、りーちゃんはいきなりこう言ってきた。

「私が失敗しても、なんでそんなに怒らないんですか!?」

「いや、だから大丈夫だって〜」

「何が大丈夫なんですかっ!?」

「大丈夫大丈夫よ〜」

荷物を忘れたのは自分なのに、叱られないのは逆に辛いとりーちゃんは言う。でも、これは怒ったところでもう仕方がない。

「さあ、帰ろ」

彼女のおかげで「月曜から夜ふかし」以外にもたくさんの番組に出るようになったし、ＣＭの話も舞い込んでくるようになった。ジャガーの意図をちゃんと汲んで現場に伝えてくれたり、売り込んでくれたりと、ジャガーの苦手分野をちゃんとフォローしてくれるよき相棒だ。

第一七章

LIKE A ROLLING STONE

りーちゃんが専属マネージャーになった頃、ファンの人たちや、水道工事で知り合った人を引き込んで「TEAM. JAGUAR」という応援団も結成され、一緒にイベントに出演したりするようになった。さらに「ハローチーターさん」という、はるばるJAGUAR星の衛星・チーター星から千葉の横芝光町まで生き別れたパパ、つまりジャガーを探しに来たという人まで現れるようになったのには驚いた。

「ハロ〜〜チーターでぇぇす！」

初対面でいきなりそう言ってきたので、おかしくて笑ってしまった。それにしても80年代のジャガーの格好に似ている。彼もまた「HELLO JAGUAR」を観て育ったのだろう。なんでもジャガーが初めて「月曜から夜ふかし」に出た日の次の日に、彼はチバテレでテレビデビューを飾ったのだそうで、なんとも奇妙な縁を感じる。チーターさんとはその後、チバテレやPVや音楽フェスでも共演することになって、そうやってジャガーの輪は自然と広がっていった。

一方、総武線では、ジャガーがラッピングされた電車が走るようになっていた。まさかあの焦げ茶色の電車や蒸気機関車が走っていた線路に、いずれ自分の顔が付いた電車が走ることになるだなんて当時は思いもしなかった。車内の広告も一面ジャガーだらけだ。

これは、誰でも参加できるということが売りの音楽配信アプリの広告だったのだけど、だいぶ昔に田口トモロヲさんから「ジャガーさんこそ真のインディペンデントだ」と言われたことがある。ジャガーこそ本当のインディーズだと思われての広告起用だったのかもしれない。

そのためのロケとしてジャガーは憧れの街、ニューヨークに行った。ライブハウスや美術館を巡り、セントラルパークでは日本人の方に写真を一緒に撮ってくれと言われた。そして、その旅にインスパイアされて『ニューヨークのＪＡＧＡＵＲ』という曲を作って、そのアプリで公開した。

「ココが夢の入口だ！」

そのアプリの広告にはジャガーの顔写真とともに、そう書かれていた。

「小さな夢を無くさないで欲しいのサ
みんな、涙が出てもサ　絶対に拭いちゃいけないゼ」

愛してるって言いたいよね　過去の想いは色々サ
愛してるって言っちゃったらサ　前に向かって進もうゼ
小さな夢を無くなさいでサ
めぐり逢い　は遠ざかったのかな　明日に向かって歩いて行こうゼ
時が二人を離さないようにサ　見つめ合って歩いて行こうゼ

――『小さな夢を無くさないで』より

それからしばらくすると、ジャガーにとって、まさに夢のような話が舞い込んできた。

氣志團の綾小路 翔くんから、彼が主催している巨大音楽フェス「氣志團万博」のオープニングアクトに出てもらえないかという打診が来たのだ。そしてそれが発表されるや、ＹＡＨＯＯ!トップページの「話題なう」に「氣志團万博 あの人が」と出るなどたちまち話題となった。

左は氣志團万博で着用したマント、暖簾は翔くんからのプレゼント
(ジャガーの楽屋にサプライズでかけてあった)。
翔くんからもらった手紙も一緒に飾っている。

2017年9月16日。あいにくの小雨模様の袖ケ浦海浜公園。メインステージに立ったジャガーのすぐ背後には、地球の故郷である長浦の山々と、そして目の前には、小さな頃から泳いで育った東京湾の遠浅の海が広がっている。それらに取り囲まれるようにして集まってくれた数千人の観客たち。

数十年前、ジャガーはあの長浦の山に挟まれた家で、せっせと工作ばかりしている少年だった。今自分が立っている場所も当時はまだ遠浅の海の一部で、本当に鄙びた漁村だった。そこから何千、何万という数の千葉県民によってバトンが渡されてきて、ここは公園となり、今、ジャガーはそこに組み上げられたステージに立っている。

『だまってJAGAURにちゃんとついて来い!』に続いて2曲目となる『ファイト!ファイト!ちば!』を歌っているとき、ふと潮風が頬をなでた。千葉が応援してくれている。この瞬間のためにジャガーは生きてきたのかもしれない。

「ただいまより、『氣志團万博2017 ~房総与太郎爆音マシマシ、ロックンロールチョモランマ~』を開会します! 出演者代表、ジャガー!」

歌い終わってシャウトすると、氣志團が登場して、会場は再び興奮と熱狂に包まれた。まさに天地を揺るがす大歓声だ。

きっとその時の歓声が地球の奥深くまで届いたのだろう。氣志團万博出演からちょっとして、市原の養老川沿いで地球の地磁気が逆転していたことを示す大変貴重な古い地層が見つかり、その年代を国際的に「チバニアン」と呼ぶことが正式に決められたのだ。ついに千葉が世界デビュー。めでたい出来事に千葉県は再び大歓声と興奮に包まれることになったのだけど、やっぱり千葉にはそういう変わった磁場が働いていたのかと、一方で納得をせざるを得ない。

さらにうれしいことは続くものだ。今度は河崎実監督から彼の新作映画『干支天使チアラット 外伝シャノワールの復讐』に出てくれという打診が来たのだ。前回出演した『地球防衛少女イコちゃん3』以来、実に28年ぶりの河崎作品の出演だ。

「やっぱりずっと同じことをやっててブレない人が勝つよね」

河崎監督は笑って言う。ジャガーとしては曲も衣装も常に進化しているつもりだけど、まあ、たしかに昔から基本的にずっと同じことをやっている。それは相変わらず愛すべきバカ映画を撮り続けている河崎監督も同様だ。

前回出演した『イコちゃん3』のときと同じように、今回の役柄も相変わらず宇宙人としての出演だけど、小説家の岩井志麻子さんの元恋仲という設定で、彼女とのラブシーンもあったのには正直、戸惑った。

「ジャガーさんの目が怖い」

主演の姫乃たまさんに言われてしまった。

「僕の作品の中に出てくるキャラとしては、ジャガーさんは最高」

河崎監督からはなんとかOKの声をいただけた。

マネージャーのりーちゃんは、仕事にだんだん慣れてきた様子だ。そしてマネージャーとして自覚も芽生えてきたようで、あくる日はCMのコンペにジャガーが落選したと知り、一人悔し泣きをしていた。

「芸能界って所詮そんなところなんだから、そんなに気にしちゃダメよ～」

そう言ってなだめると、彼女は逆に怒り出す。

「なんでいつも『終わったら、はいさよなら～』って感じなんですか!?」

「芸能界なんかじゃ食っていけないから、そんなもんよ～」

「そんなこと言ってると呼ばれなくなるよ！　絶対出れないよ、そんなのじゃ！」

楽屋に響き渡る声で言われた。何か返すとまた言われそうなので、ジャガーは黙って聞くことにした。

「やっぱり他のタレントさんとか現場で見てると、特別な扱いを受けてるじゃないですか。そういうのを見てると、私、自分の頑張りようなのかなって思うんです。ちゃんと皆さんに挨拶したら次につながるかもしれないのに、でもジャガーさんはいつもいつも至ってマイペースで、収録が終わったらすぐに『帰ろ』ばっかり」

千葉という枠からもっと飛び出して、紅白に出すとか、何か夢を持ってプロモートしていきたい。だけどジャガーはそういうのにまったくの無関心だというのだ。

「ジャガーさんは自分の出たテレビも観ないし、送られてきたＤＶＤも観ようとしない。私はもっと夢を見せてあげたいんです……でも、私、力不足で……」

ああ、また泣き始めてしまった。

「わ、私の勘違いかもしれないんですけど、最近、認められてきたなという実感は、あ、あるんですぅ～」

グショグショになったりーちゃんにハンカチを渡す。実際、彼女は、サザンオールスターズの『壮年JUMP』のPVと、ある有名ハンバーガーチェーンからCMの話が来たときは、涙を流して狂喜乱舞していた。しかし、後者はいくら経っても先方から連絡がない。おかしいなと思ったりーちゃんはジャガーに聞いてきた。

「あのCMの話ってどうなったんですか？」

「ファストフードは食べないからお断りしましたー」

案の定、烈火のごとく怒り出し、4日ほど口をきいてくれなかった。

ただ、そんな達観したジャガーでも唯一怒るポイントはある。番組の収録などでスタッフさんの食事がちゃんとしていないときだ。現場はどうしても慌ただしくなるので、つい食事が後回しになりがちだけど、ジャガーはどうしてもそれだけは許せないのだ。

「ちょっと打ち合わせいいですか？」

「ダメだよ！　もうお昼だよ！　みんなの食事がちゃんとしてなければ帰ります」

そう言うようにしている。食事は万物の基本だ。だからロケ先でも必ずスープ付きのジャガー弁当を持参するようにしているし、カレーのときはさすがに匂ってくるけど、それでも気にしない。

「食事時の瞬間はいつもビクビクするんですよね」

ロケバスの中でりーちゃんにそう言われた。そしてまじまじとジャガーの顔を見て、
こんなことを突然聞いてきた。

「ジャガーさんってひょっとして、ゲイなんですか？」

聞いた瞬間、涙が出るほど笑ってしまった。

「ウソよぉぉお〜〜〜〜!!!!」

「え、違うんですか？　なんでその歳まで独身なのかとふと思ったので、何か事情が
あるのかなって……」

「りーちゃん、そんなふうに思ってたの!?」

「あ、勘違いでしたらすいません」

もう笑いが止まらなくてしばらく苦しい思いをした。そうか、ジャガーはそう思わ
れていたのか。

洋服直しの店舗のトイレ修理に行く途中、りーちゃんに電話してみることにした。

「あ、もしもし？　今度の休みの日にお茶しに行きませんか？」

りーちゃんは専属マネージャーではあるけれど、普段は千葉県内の物流センターで働いている。そのためジャガーの仕事のスケジュールも、彼女の休みの日に入れるようにしていた。それ以外の日は、お互いに地球の仮の本業をしているというわけだ。

待ち合わせ場所は本八幡の駅のホームにした。そこに立って待っていると電車がホームに滑り込み、やや離れたところに彼女が降りてきた。

「わ〜〜、おまたせ！」

ちなみにこれはりーちゃんのセリフではない。待っていたほうの自分の口からつい出てしまったセリフだ。

「え、ジャガーさん!?」

「そうですよ」

「声はジャガーさんそのもの！」

地球の仮の姿をりーちゃんが見るのは、これが初めてだった。ジャガーは本番以外の打ち合わせであろうと何であろうと、ジャガーとして呼ばれたときはなるだけ衣装もメイクもフル装備で行くようにしている。

しかし、このりーちゃんの表情はどうだろう。後日談になるのだけど、その時、彼女は「なんか近づいてくる人がいるけど、私?」と思ったくらい誰なのかわからなかったのだそうだ。

「なんなんですか、その『CANDY』ってラメで書かれたキャップ! そしてピッチピチのブルーのスパッツ!」

彼女の笑いが止まらない。どうも洋服直しをやっているから私服はもっとダンディな人が来るものと思い込んでいたようだ。

「ってか、なんなんですか、その高齢者用の手押し車は!」

「あ、これ? なんか買い物して荷物が多くなったらと思ってね」

それをゴロゴロ押しながら、再び総武線に乗り込んで錦糸町の星乃珈琲店に向かった。

「さっきからめっちゃ見られてますよ」

乗客の視線がこっちに集中してきているらしい。ジャガーの格好ならまだわかるが、仮の姿であってもそんなに変なのだろうか。錦糸町の駅で降りてエレベーターに乗ったら、今度は、乗り合わせた小さな子どもがジャガーを見上げて一言、

「女?」

と、聞いてきた。その時、りーちゃんは、とにかく一刻も早く喫茶店に着いてほしい！　と心の中で叫んでいたのだという。

ようやく席について、他愛もない話をしばらくしていたところ、彼女が口を開いた。

「そのスティービー・ワンダーみたいなカツラがついたキャップ、もう取っちゃったほうがいいですよ」

被り慣れていないせいか、会話をしているうちにだんだんと頭をずり上がっていくのが気になったらしい。

「あ、そう?」

キャップを脱いでからは、今まであまり話したことのなかった地球上での話をした。

「結婚はまだしたことがありません」

ジャガーにも過去に地球人の彼女がいたことはあった。ただ、貴金属をごっそり盗まれた上に、跡を追えないようにするためなのか、ジャガーの携帯電話がなみなみと水が注がれたバケツの中に放り込まれていたこともあったし、結局どれも縁がなくて結婚までには至らなかった。

その心の隙間を埋めてくれたのは、ペットの九官鳥と、ミニチュアダックスフントの「ミニちゃん」で、レコーディング中になるといつも必ずいいところで、九官鳥やミニちゃんがコーラスを入れてくる。そんな話をしていると、お互いに理解度が高まったような気がした。

見送るために駅のホームまで行って、電車に乗った彼女に向かって手を振った。

「じゃあ、次の現場もよろしくね」

運転間隔調整のためにしばらく電車はドアを開けたまま停まっている。彼女はちょっと困った顔をしていたけど、ジャガーは数分間手を振り続けた。

それからというもの、ジャガーはりーちゃんにたびたび地球の仮の姿を見せることになったわけだけど、彼女いわく、人間ジャガーは相当〝子どもっぽい〟らしい。

まず、100円ショップに行ったときの興奮の仕方が異常だと言われた。

「カゴ持って！　もう1個持って！」

「ねえ、これ本当に100円なの？　聞いてきて！　え、これも100円なのかな？ちょっと聞いてきて！」

これを最低5回は繰り返すのだそうだ。

「なんでそんなに張り切るの？　謎のS字フックとか何の工作に使うのかわからない部品ばっかり1万円分も買い込んで……」

呆れた顔をしてりーちゃんは言う。だから手押し車はジャガーにとってマストアイテムなのだ。

また、喫茶店で打ち合わせをしているときには、ふと何かを思いついて「ちょっと待ってて！」と言ったら最後、自宅の作業場に帰ってしまって二度とその場には戻ってこないのだそうだ。運良く二度目を見られたときでさえも、いつもなぜか左右別々の靴を履いているという。文字どおり、夢中になったジャガーは足元を見ずに〝上の空〟しか見ていないのだ。

元来そういう性格のせいなのか、そういえば買い物中にカートに引っかけていたバッグを盗まれたこともあった。細部に至るまで使いやすさにこだわって、長い年月をかけて自分で少しずつ改造して育ててきたバッグだったので、本当にショックだった。ため息をついていると、

「普通ならそのバッグよりも、中に入っていた数十万円の現金のほうがショックですよ」

と、また笑われてしまった。

あと、家電量販店に行くときは、エスカレーターを使わずに必ず階段を先にヒョイヒョイと上っていって、踊り場でスタッとグリコのマークのように両手を挙げる癖があるのだとか、新曲ができるたびに、

「なんか最高なのができた！　大変！　一日中泣いてた！　今までで一番いい最高なのができた！」

と、毎回大騒ぎするのだとか、聞いててこちらが恥ずかしくなってしまう。いや〜、他人に指摘されてみないことには、自分のことなんて本当にわからないものだ。

また、久しぶりにディズニーランドに行ってみたくなってりーちゃんを誘い出したときは、

「ジャガーにはシルバー割引がある！」

つい喜んでしまったら大爆笑された。


ちなみに、そのあとに見たエレクトリカルパレードに触発されて、電飾に彩られたJAGUAR星の乗り物「ジャガウェイ」と、「ジャガーバイク」を作ることになる。そして、持ち運びしやすいジャガウェイのほうに乗って、ディズニーではなく、サンリオピューロランドのイベントに参加することになった。

また、富津警察から一日署長を拝命された際にもジャガウェイに乗って行ったら、そのご縁で車庫証明をいただくこともできた。

「車名：ジャガー号　型式：UCHUSEN型　車台番号：JAGUAR　自動車の保管場所の位置：千葉県富津市金谷鋸山洞窟スタジオ内」

宇宙船JAGUAR号そのもののほうの車庫証明である。

「ジャガーさんはもはや犬吠埼より有名なんじゃないですか？　今、ピーナッツと対等くらいでしょ？」

みうらじゅんさんはそんな冗談を言ってくる。でも実際に市川市のふるさと納税の返礼品として、ジャガーグッズや独占ライブが採用されることにもなったし、市川市長と対面した際には「市長選に出るつもりはあるのか？」とあとでこっそり聞かれたりもした。冗談か本気かはわからないけど、どうも出馬を警戒されているようだ。

2018年、みうらさんは還暦を迎えた。それを祝して横浜体育館でイベントをやることになり、そのスペシャルゲストとしてちょっとだけジャガーも参加させてもらった。みうらさんが〝多分、自分が死ぬときの走馬灯はこうなる〟という企画で、ジャガウェイに乗ってシャーッと走馬灯の一部として一瞬通り過ぎたのだ。すると、会場からは割れんばかりの拍手喝采。これにはみうらさんも大喜びしてくれた。

「この出番のために、わざわざ夜9時まで待ってもらいましたけど、ジャガーさんが出るとやっぱり画が締まりますよね。キャラが立ちまくってる。なんならディズニーランドに1体いてもいいんじゃないですか？　ミッキーといてもそんなに差はないですよ」

出会った当時はお互いまだアラフォーとアラサーだったけど、みうらさんとの付き合いももう30年以上になっていた。そうなると、もはやジャガーのことに関してはみうらさんのほうが詳しかったりする。

「いや、そこ違いますよ。〝頃にぃーはさぁあー〟です。僕のほうが今や生粋のジャガー発音だと思いますよ」

歌っていると、発音を修正されてしまうほどだ。


そんなある日、みうらさんがこんなことを言ってきてくれた。

「ジャガーさんのベスト盤を作らせてください」

とってもうれしいお話だった。いわく、〝地球上にあるベスト〟とは違うのだという。

「ジャガーさんは地球のアーティストとは違って、歌声もメロディも絶えずベストであり続けている。それはジャガーさんこそがベストだからなんです」

こうして選曲・監修みうらじゅんによる、その名も『ジャガーさんがベスト！』という初のベスト盤が２０１８年の10月にビクターからリリースされた。ＪＡＧＵＡＲ星人によるＪＡＧＵＡＲ星人の史上初のベストアルバムである。


仮の本業である洋服直しは、どこまで続けられるのだろうと思いながら、今も続けている。まだ20代だったジャガーが始めてからもう50年以上が過ぎ、今なおうちの番頭として働いている木戸さんはもう86歳になった。

若い人で洋裁ができる人もめっきりいなくなってしまった。かつては30店ほどあった支店も、今では8店しかない。そのため従業員たちも皆一様におばあさんとなっていき、ジャガーが店舗の補修に向かうと、薄暗い蛍光灯のもとで、すっかり小さくなった彼女たちがミシンを動かしている。

世間もすっかりファストファッションが定着して、洋服はもはや直すものではなく、捨てるものになってしまっているようだ。最近では中国などの海外の激安ネット通販で洋服を買うことも当たり前になってきて、これはファストファッションを通り越して〝リアルタイムファッション〟と呼ばれているのだという。

時代は本当に変わる。時は止まらない。ただ流れゆくのみだ。地球上の仮の姿の自分が古い店舗と重なって見えた。

「社長、また何か作ってるんですか？」

メガネから視線だけを上げた木戸さんが聞いてくる。

「うん、ちょっとまたライブハウスを作ろうと思ってね」

ジャガーは、「HELLO JAGUAR」とともに35年前に産声を上げた「JAGUAR CAFE」を復活させようと考えていた。

ジャガーカレーもだんだん世間から注目されるようになってきていたし、『JAGUARカレーを作ろう』の本とDVDを発売したところamazonのランキングで1位になったり、レトルトカレーと新曲のシングルという組み合わせで『華麗なるJAGUARカレー』も発売されることになった。

復活させたライブハウスで、本格的にカレーのイベントもやっていきたいし、また、河崎実監督の映画を鑑賞するイベントなんかをやってみても面白そうだ。井戸雄次さんの洋楽講座や、あるいはジャガーの父、村上馨の絵の個展なんかもしてみたい。だから音楽以外にも多目的に使える場として、「J-studio」という新しい名前で復活させることにしよう。そしてオープニングイベントには、もちろん、みうらさんを呼んでトークショーをしよう。

思いついてしまったら、もう身体が止まらない。電動ドリル片手に工事をする日々が始まった。ここにみんながあっと驚く、地球とは思えないような空間を作り上げてやろうと考えているときが、一番ワクワクする。

まずは機材を搬入するための大きなエレベーターが必要だと思って、本八幡駅のホームでエレベーターの機構を観察してから、ビルの壁一面に大きな穴を開けた。


そしてその穴は、今も開いたままである。


誰もいない千葉フォルニアの海。海岸沿いに立ち並ぶヤシの木の葉っぱが揺れて小さな音を立て、目の前にはあの遠浅の海が広がっている。

潮風の中、ジャガーは掌から注意深く、白くて小さな欠片《かけら》を指でつまみ出した。それを日光にかざすと、ほんのりと輝きを見せる。

今から何年も前に海辺で拾った白い貝殻。これは、それから作ったジャガーの差し歯だ。ぴったりはまるようにするために歯型も取ったし、試着しては削り出すということを何遍も繰り返した。まだ誰にも自慢したことのない労作だ。

今にも風に吹き飛ばされそうな小さな欠片。手放したら最後、これも二度と手に入らない。この世界はそんな尊い欠片が集まってできている。

ジャガーは感謝の気持ちを込めて、そっと差し歯を海に返した。

「幸せがいつまでも続きますように。この幸せがいつまでも続きますように。本日はありがとう。波にも海にもありがとう。チュッ♥　最高だよ」

オレはJAGUAR星人、年齢のないただの道端の石っころサ。

初公開！ジャガービルの中はこうなっている！

上＝ジャガーが、モノづくり、創作、総司令するスタジオは1階にある。
下＝ジャガーはラベリングできるものには何でも黄色のテプラでラベリングした。

上＝ロンドンブーツもさまざまな遍歴があるが、最終的にはパンタロンと一体となったものを創作した。

下＝エレベーターもジャガーが作った。低速、高速どちらも可能。地下から1階のお店も、2階、3階も行けるようにした。

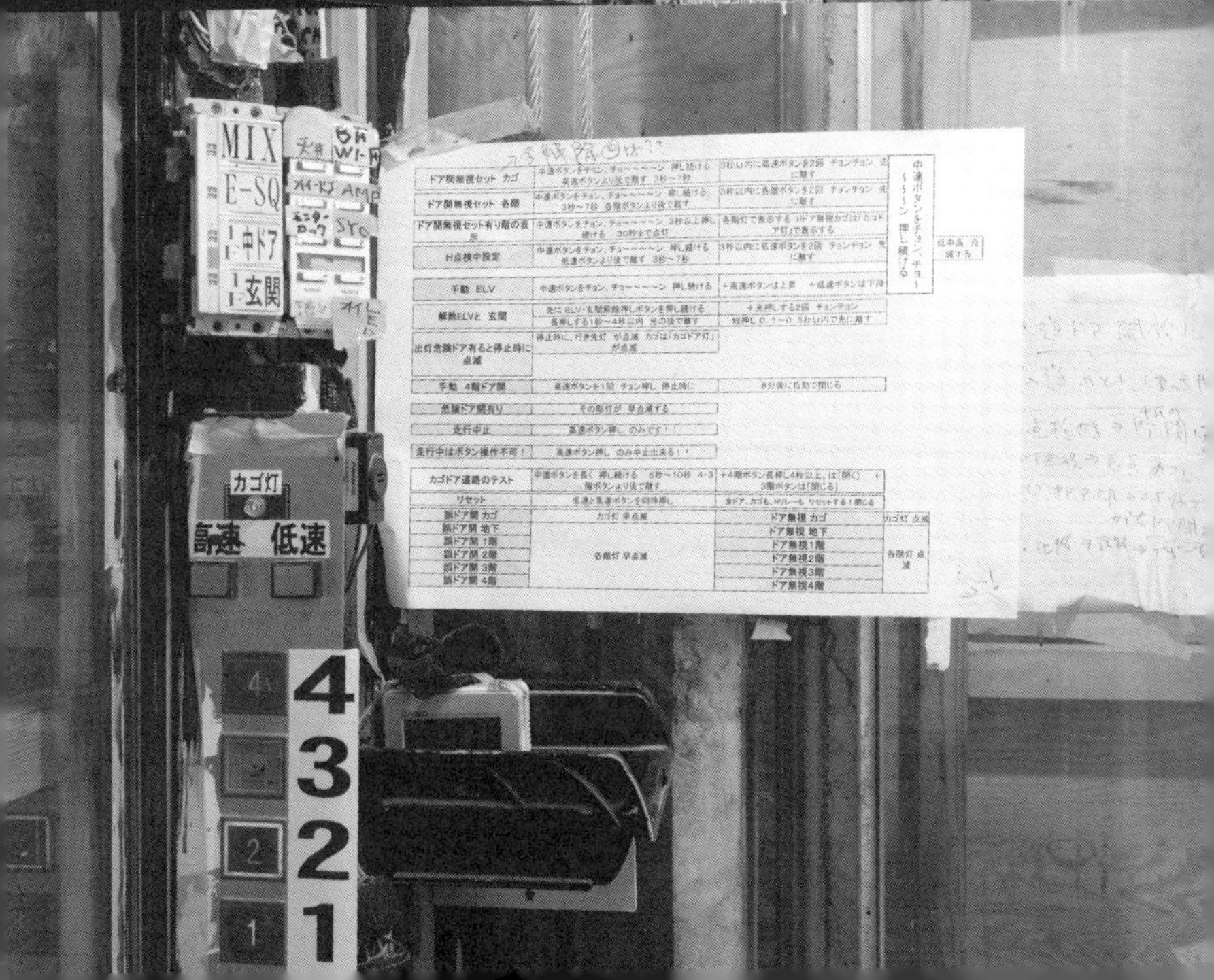

ジャガービルの3階はジャガーの夢の工房。旋盤などの工作機械も完備し、ここで何でも作った。

上＝もちろんビル自体もDIYで作った。何種類もあるグラインダーや電動ドリル、ネジ、すべてにテプラが施されている。

下＝溶接もジャガーがやった。溶接マスクをしていても、一緒に作業している従業員や業者さんがわかるように「社長」とラベリング。

⑦ 下総中山（船橋市）	長浦から一家で引っ越す。 のちにレコード屋兼電器屋「イトーヤ」でバイトをするように。
⑧ 東中山（船橋市）	下総中山の「イトーヤ」でのバイト時代、 お姉さんと一緒にここのアパートで二人暮らしをしていた。
⑨ ららぽーとTOKYO-BAY（船橋市）	「船橋ヘルスセンター」の跡地に建てられた巨大ショッピングモール。 ここで催されたイベントには1000人以上の観客が押し寄せる。
⑩ 幕張新都心（千葉市）	河崎実監督と『だまって JAGUAR について来い!』のPVを撮影した場所。 当時はただの空き地だった。
⑪ 稲毛（千葉市）	マツコ・デラックスさんはここの出身。 ZOZOTOWNの本社もここにある。
⑫ 千葉（千葉市）	「HELLO JAGUAR」の電波の発信源、千葉テレビの所在地。 またよくライブをした千葉県教育会館もある。
⑬ 長浦（袖ケ浦市）	ジャガーさんの地球の故郷といえる場所。 家の目の前は海。3歳から高校卒業までここで育つ。
⑭ 袖ケ浦海浜公園（袖ケ浦市）	2017年のオープニングアクトを務めた「氣志團万博」開催地。 ヤシの木が並ぶ海岸通り、通称〝千葉フォルニア〟もここ。
⑮ 東京湾アクアライン	1997年開通。内房に時空の歪みをもたらしたといえるほどの革命的道路。 東京がいきなり目と鼻の先になった。
⑯ 東京ドイツ村（袖ケ浦市）	東京と名乗るにはいささか強引な立地。 「月曜から夜ふかし」で『お母さん!』を歌ったロケ地。
⑰ 木更津（木更津市）	マラリアで入院中のお父さんを追って住み着いた病院がある。 のちに木更津第一高校へ進学することに。
⑱ 君津（君津市）	氣志團の綾小路翔さんの出身地。中学時代にここからはるばる 本八幡の「JAGUAR CAFE」までバイトの面接へ。
⑲ 富津（富津市）	小学生の頃に潮干狩りした場所。 後年、富津警察署から宇宙船・JAGUAR号の車庫証明をもらう。
⑳ 鋸山（富津市・鋸南町）	JAGUAR星からジャガーさんが降り立った場所。 ここの洞窟の中に秘密基地があるとされている。
㉑ 館山（館山市）	ジャガーさんがよく潜った海。暖流の黒潮のおかげで 北限のサンゴが見られる。X JAPANのYOSHIKIとTOSHIの出身地。
㉒ 養老渓谷（市原市）	千葉有数の温泉地。近くには、 地球の地磁気が逆転した証拠となる古い地層「チバニアン」もある。
㉓ 勝浦（勝浦市）	「洋服直し村上」の社員旅行などで訪問。 鴨川方面に行くと、真鯛が群れをなして泳ぐことで有名な鯛の浦も。
㉔ 八街（八街市）	春風が落花生畑に吹き付けてひどい土埃「ヤチボコリ」が発生。 その中でライブした模様は「月曜から夜ふかし」でオンエアされた。
㉕ 佐倉（佐倉市）	ジャガーさんの父母のお墓がある。 人気バンド「BUMP OF CHICKEN」もここの出身。
㉖ 成田（成田市）	ジャガーさんは成田山新勝寺の参道でコーヒーを飲むのがお気に入り。 成田空港もあるが、ヤチボコリのせいで着陸に難儀するとか。
㉗ 横芝（横芝光町）	ジャガーさんを追いかけて宇宙から来たというチーターさんの生息地。 屋形海岸のフェスで共演。
㉘ 銚子（銚子市）	ジャガーさんは銚子電鉄によく乗りに行っていた。 閉館してしまったが、グランドホテル磯屋もお気に入りだった。
㉙ 柏（柏市）	80年代末にサポートで入ったバンド「爆風スランプ」の出身地。 一緒に日テレなどの歌番組にも出演した。
㉚ 鎌ケ谷（鎌ケ谷市）	ZOZOTOWN創業者・前澤友作さんの出身地。元バンドマンで千葉に本社 を置くアパレル業経営だなんて、ちょっとジャガーさんの経歴と似ている。
㉛ 馬橋（松戸市）	80年代バンドブームの頃に、千葉県下最大規模のライブハウス 「CLUB MIX」をオープン。

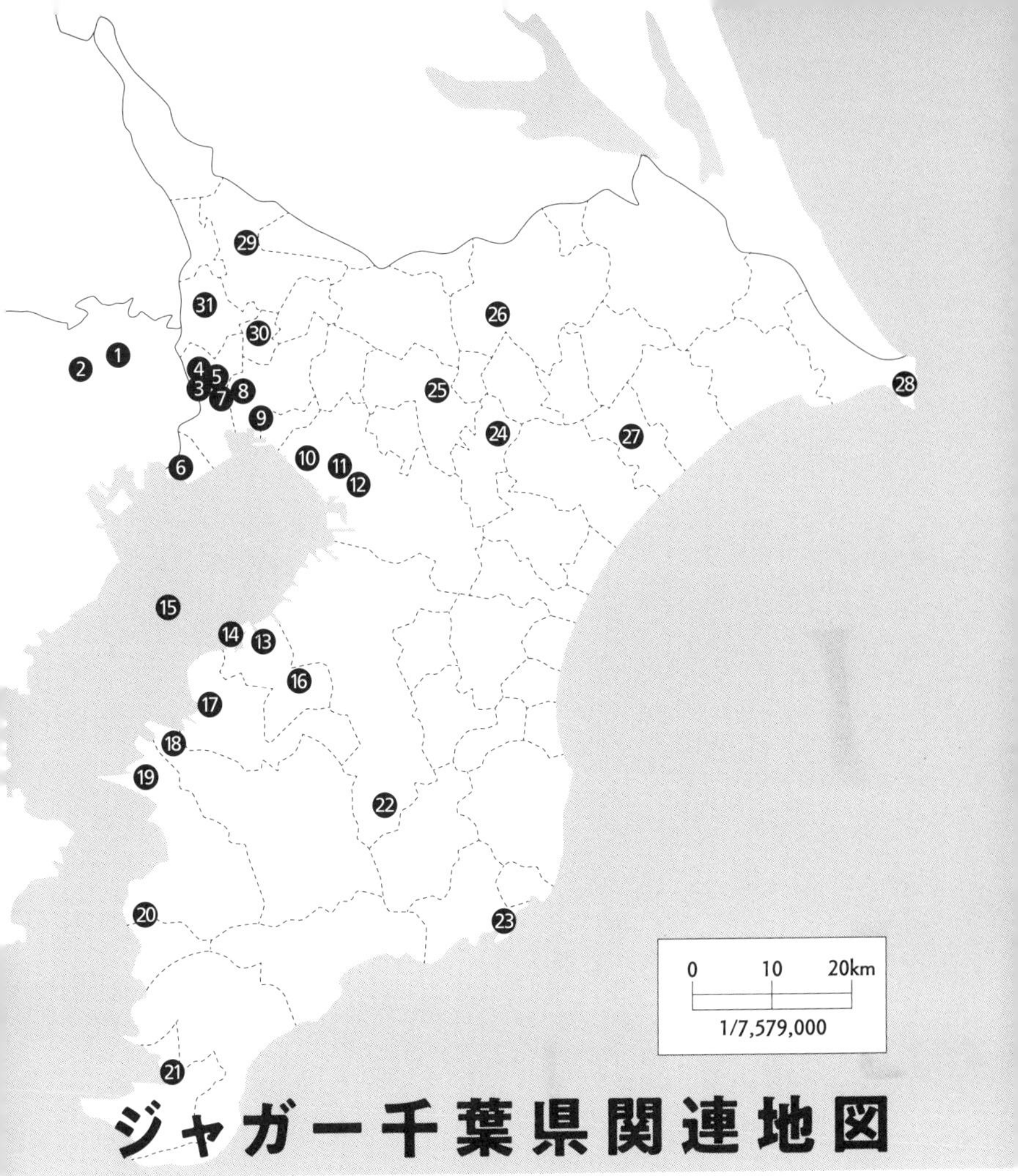

ジャガー千葉県関連地図

❶ 北千住（東京都足立区）	生誕地。1歳のときにここで東京大空襲に罹災。すぐ近くに母方のおばあちゃんが経営する工場があった。
❷ 田端（東京都北区）	高校から多摩芸術学園の写真科に進学し、銀座で働いていたお姉さんと一緒に二人暮らしを始めた。
❸ 本八幡（市川市）	ジャガーさんの本拠地。「洋服直し村上」の本店やライブハウス「JAGUAR CAFE」が入った自作のビルがある。
❹ 菅野（市川市）	70年代に初のロック喫茶兼ライブハウス「バンド・オブ・ジプシーズ」をオープン。少年時代のサエキけんぞうさんが来店。
❺ 鬼越（市川市）	ジャガーさんが経営する看板工場はここにあった。X JAPANに入る前のhideがバイト。
❻ 浦安（浦安市）	ディズニーランド近くにホテルが立ち並ぶ。「洋服直し村上」の福利厚生としてここのバイキングを新年会などでよく利用。

ジャガー
JAGUAR

千葉の英雄。ジャガー星物。本籍＝JAGUAR星、住所＝JAGUAR国JAGUAR県JAGUAR市JAGUAR町1丁目1番地。地球では仮の姿として、1944年東京都足立区北千住に生まれ、千葉県各地で育つ。千葉県市川市本八幡で起業し成功。事業は村上グループと呼ばれ、洋服直し店（最盛期は30の支店があった）、広告看板製作業、クリーニング店、美容室、喫茶店、ライブハウス、ダンススタジオ、レコード制作会社を経営した。80年代初頭より千葉テレビで、自前コンサートの告知CMを打ち、85年からその千葉テレビをキー局にして、自ら制作・主演する5分間のプロモーション番組『ハロー・ジャガー』を毎週放映する。2016年、千葉テレビ社長賞受賞、17年には千葉テレビ"終身名誉応援団長"に就任している。ロッカーとしての代表曲は、「ブレイキン・オン」、「ハロー・ジャガー」、「だまってJAGUARについて来い!」、「房総半島」、「ファイト! ファイト! ちば」、「ファイト! いちかわ!」など多数。近年は「月曜から夜ふかし」（日本テレビ）や氣志團万博2017の出演、映画「翔んで埼玉」での「伝説の千葉県人エンペラー千葉」で知られている。

編集協力
木下拓海

協力
JAGUARオフィス りーちゃん
JAGUARオフィス 平尾陽一（PRESS ON）
JAGUARオフィス オクシタ
倉持アンヌ
山下芽実
みうらじゅん
綾小路 翔（氣志團）
サエキけんぞう
デーモン閣下
河崎 実（リバートップ）
河崎智子（リバートップ）
井戸雄次（道玄坂ロック）
櫻井 守
藪下秀樹（宝島社）
木戸テツ子（洋服直し村上）
高須賀 隆
桐ヶ窪久美子
千葉テレビ放送株式会社
ジャガーさんの話を楽しそうにしてくださったたくさんの方々

撮影
JAGUARオフィス りーちゃん
石井 健
倉部和彦

校正
東京出版サービスセンター

ジャガー自伝
みんな元気かぁ〜〜い?

2021年12月22日　初版第一刷発行
2022年 1 月12日　第三刷発行

著者
ジャガー

編集発行人
穂原俊二

発行所
株式会社イースト・プレス
〒101-0051 東京都千代田区神田神保町2-4-7 久月神田ビル
電話03-5213-4700 ファクス03-5213-4701
https://www.eastpress.co.jp

印刷所
中央精版印刷株式会社

ISBN978-4-7816-2029-9 C0073